A Vocabulary To The Oedipus Tyrannus Of Sophocles: Containing The Composition, Derivation, And English Meaning Of Every Word

George Hughes

A

VOCABULARY

TO THE

ŒDIPUS TYRANNUS

OF

SOPHOCLES;

CONTAINING THE

COMPOSITION, DERIVATION, AND ENGLISH
MEANING OF EVERY WORD,

WITH

FIGURES OF REFERENCE TO THE TEXT,

AND

OCCASIONAL EXPLANATIONS.

BY GEORGE HUGHES, A.M.

LONDON:

PUBLISHED BY B. J. HOLDSWORTH,
18, ST. PAUL'S CHURCH YARD;
AND SOLD BY C. TAIT, EDINBURGH; AND W. CURRY, JUN. & CO.,
DUBLIN.

M.DCCC.XXVII.

ERRATA.

Page 4,   line 3, for *ἵκων* read *ἱκών.*
6,   11, for ; *ἀνὴρ* read : *ἀνὴρ.*
7,   17, for *ἄπηχα* read *ἀπῆχα.*
7,   17, for *ἄπηγμαι* read *ἀπῦγμαι.*
13,   21, for *βους* read *βοῦς.*
16,   16, for *ἄισσω* read *ἀίσσω.*
17,   22, for *δρίμω* read (*δρίμω.*)
19,   9, for *ἥία* read *ἥια.*
20.   27, for learn read *learn.*
20,   28, for *learn* read learn.
23,   8, read *ἰμφύλιος -ον.*
25,   11, for *ἴσηρα* read *ἰσῆρα.*
29,   8, for *or* read or.
31,   19, for *ἠκα* read *ἦκα.*
32,   last but 4, *dele* nil.
43,   5, for *ἰστία* read *ἰστία.*

PREFACE.

THIS Vocabulary is intended to facilitate the acquirement of the Greek language to junior students; and especially to assist in introducing them to the Greek Tragic Stage, through the medium of one of its most popular, and most admired productions. It is constructed on the same plan as those used at Charter House School, introductory to the Greek Testament, and the Iliad. The time expended by boys in turning over the leaves of bulky Lexicons, in which the word sought must be traced by the unpractised eye down many a successive column;—the difficulty of choosing from a number of meanings, apparently unconnected, one adapted to a particular passage;—and the frequent necessity of having recourse to a Latin Dictionary for further explanation, have long been represented as objections to the prevalent mode of teaching Greek, and in many instances have been complained of by teachers themselves. Continued obstructions serve, not to impress, but to dishearten the youthful mind, always desirous of advancing with rapidity, and render that an irksome task, which would otherwise be accomplished with equal pleasure and advantage : and although no faith is to be given to those who hold out the prospect of becoming master of a dead language in a definite number of lessons, yet it cannot be questioned, that many safe methods of simplifying the course of a pupil, remain undeveloped or at least unpractised.

The following work exhibits the composition and derivation of the words, step by step, from their roots; the principal parts of verbs are written at full length, as it is not in the terminations, but in the augmented and reduplicated syllables that the beginner is generally at fault; the primary signification of a word is first supplied, and then (if it be different) the meaning it may bear in the line referred to

A 2

by the figure; in more difficult passages, and intricate con-
structions, a version is added, and the syntax made com-
plete; the quantity of doubtful vowels is marked, and
notice taken of corresponding Latin phrases. The aim has
been to put into the learner's hand, in as small a compass
as possible, *every thing needful*, for mastering the play, and
nothing more. The text followed is that of Brunck and
Schaefer, printed at Oxford: in the derivation of words,
Valpy's " Fundamental Words of the Greek Language"
has been consulted, and often followed.

The Compiler has not deemed it advisable to dwell on
disputed places, but has selected that rendering which to
his judgment appears best : he will only offer a remark on
two words,—ἀνοίκτως in line 182, is translated in Jones's
Lexicon " without burial," as if derived from ἀνοίγω—open.
This seems to have been done to avoid tautology, πολία oc-
curring in the line before; but no other instance of such a
meaning is to be found in the Lexicons ; and if it bore that
meaning, the word would not be ἀνοίκτως, but ἀνοικτῶς, being
formed from an oxyton verbal adjective, as σκληρῶς from
σκληρός, καλῶς from καλός : examples of this fulness, or, as
appears to us, redundancy of expression, may be found both
in this play (line 58,) and frequently in Homer. The only
other word of which notice will be taken, is εἶμι ἐπὶ, (line
493,) which may either be translated, " I shall accede to
the report made to the people concerning Œdipus," Tiresias
having (l. 448—460) pronounced Œdipus to be the mur-
derer :—or, " I shall attack the popular fame of Œdipus :"
the sense is the same in either version ; Hermann adopts the
latter.

Should this attempt meet with encouragement, the Com-
piler intends to prepare similar aids, introductory to Euri-
pides, Æschylus, and Aristophanes.

Battersea, July 2, 1827.

VOCABULARY.

ά, well! hold! 1147.

Ἄβαι -ων, Abæ, city in Phocis, where was a temple of
Apollo. 900.

ἄβατος-ον : a not, βαίνω go, pathless 719.

ἀβλαβὴς-ἐς : a not, βλάπτω injure, uninjured 229.

ἄβουλος-ον : a not, βουλὴ counsel, unadvised, imprudent 634.

ἄγαλμα-τος : ἀγάλλω adorn, that in which a man takes pride,
—ornament—statue (of the gods) 1379.

ἄγαμος -ον : a not, γάμος marriage, unmarried 1502. null and
void 1214.

ἄγγελος -ου, messenger 6.

ἀγγέλλω; ἄγγελος. ἀγγελῶ, ἤγγελκα, ἤγγελμαι announce 955.

ἀγέλη -ης ; ἄγω drive, herd 26.

ἀγηλατίω : ἄγος pollution, ἰλατίω ; ἰλάω drive. expel pollution
402.

ἀγκυλὴ -ῆς ; ἄγκος curve. bending, bow string 204.

Ἀγήνωρ : ἄγαν very, ἀνὴρ man, Agenor, father of Cadmus 267.

ἀγλαός -ὰ -ὸν splendid.

B

ἀγλαῶψ -ῶπος : ἄγλαος, ὄψ *appearance*, resplendent 214.

ἁγνὸς -ὴ -ὸν holy 830.

ἁγνεία -ας ; ἁγνὸς. sanctity 864.

ἀγνὼς -ῶτος : a *not*, (γνόω) *know*, ignorant 677. uncertain 681.

ἄγνωτος -ον : ἀ *not*, γνωτὸς *known* ; (γνόω). unknown 58.

ἄγονος -ον : ἀ *not*, γόνος ; γίγνομαι *am born*, abortive 27.

ἀγορὰ -ᾶς ; ἀγείρω *collect*, market place 20. 161.

ἀγρὸς -οῦ field.

ἄγριος -α -ον ; ἀγρός. ἀγριώτερος, ἀγριώτατος, wild 476. 1073.
fierce, 344.

ἀγρονόμος -ον : ἀγρὸς *field*, νέμω *feed*, of pasture land 1103.

ἀγύρτης -ου ; ἀγυρέω = ἀγείρω *collect*, one who collects crowds,
a juggler, quack 387.

ἄγχιστος -η -ον ; ἄγχι *near*, nearest 919.

ἀγχόνη -ης ; ἄγχω *hang*, hanging 1374, *alluding to the death
of Jocasta.*

ἀδάμαστος -ον : ἀ *not*, δαμάζω = δαμάω *subdue*, invincible 205.
insuperable 1315.

ἀδελφιὰ -ᾶς, *same as* ἀδελφὴ, sister 160.

ἀδελφὸς -ὴ -ὸν of a brother, brother's 1481.

Ἅιδης : ἀ *not*, είδω *see*. Hades (invisible world) 1372.

ἄδηλος -ον: ἀ *not*, δῆλος *manifest*, uncertain, hidden 475.
secret 497 ὑπὲρ *omitted*.

ἀελλὰς -άδος ; ἄελλα *storm*, of the storm 466.

ἄζομαι, reverence, dread, 155.

ἀθάνατος -ον : ἀ *not*, θάνατος *death*, immortal 905.

ἀθέως ; ἄθεος : ἀ *not*, θεὸς *God*. without God. impiously,
cruelly 254.

Ἀθήνη -ης Minerva 159.

ἄθικτος -ον : ἀ *not*, θίγω *touch*, not to be touched, sacred 897.

ἄθλιος -α -ον ; ἆθλος *labor*, oppressed, wretched, 815. foolish
372. ἀθλιώτερος 1204. ἀθλιώτατος.

ἀθρέω, ἀθρήσω, ἤθρηκα, see 1305.

ἀθυμέω ; ἄθυμος. ἀθυμήσω, ἠθύμηκα, am dispirited 746.

ἄθυμος -ον : α not θυμὸς spirit, dispirited 319.

αἴγλη -ης, beam 207.

αἰδέομαι ; αἰδὼς respect, αἰδέσομαι, ᾔδεσμαι, respect, 647. 1426.

αἰὲν, ἀεὶ, always 905.

αἰκίζω = ἀεικίζω ; ἀεικὴς : α not, ἐικὸς fit, αἰκίσω, ᾔκικα, ᾔκισμαι, treat with dishonour 1153.

αἷμα -ατος ; αἴθω burn, blood.

αἴνιγμα -τος ; αἰνίσσομαι hint ; αἶνος dark saying, enigma, riddle 393.

αἰνικτὸς -ὸν ; αἰνίσσομαι hint, enigmatical 489.

αἱρέω, αἱρήσω, ᾕρηκα, ᾕρημαι, εἷλον 2 aor. take 887, chuse 585.

αἴρω, ἀρῶ, ἦρκα, ἦρμαι, ἦρα 1 aor. ἤρθην raise, 914. 1226. 1270.

αἴσιος -α -ον : αἶσα fate, auspicious 52.

αἴσσω, ᾄσσω, ἀΐξω, ᾖχα, rush 1074.

αἰσχύνη -ης ; αἶσχος, disgrace 1284.

αἰτία -ας, blame, charge, crime.

αἰτιάομαι ; αἰτία, αἰτιάσομαι, charge, accuse 606.

αἰσχύνω ; αἶσχος disgrace, αἰσχυνῶ, ᾔσχυγκα, ᾔσχυμμαι, ᾐσχύνθην, I disgrace. αἰσχύνομαι mid, am ashamed, 10.

αἰσχρὸς -ὰ -ὸν ; αἶσχος. disgraceful, αἰσχίων, αἴσχιστος 367.

αἰτέω, αἰτήσω, ᾔτηκα, ᾔτημαι, ask.

αἰτητὸς -ον ; αἰτέω, to be sought, sought 384.

ἀκάθαρτος -ον : α not, καθαίρω ; καθαρὸς pure, unpurified 256.

ἀκάλυπτος -ον : α not, καλύπτω cover, uncovered 1427.

ἀκάρπως ; ἄκαρπος : α not, καρπὸς fruit, unfruitfully.

ἀκμὴ -ῆς ; (ἄκω) sharpen, point, extremity 1034. nail 1243. vigour 741.

ἀκουστέος -α -ον ; ἀκούω, necessary to be heard 1170.

ἀκουστὸς - ἡ, ὸν ; ἀκούω. to be heard.

ἀκούω, ἀκούσω, ἤκουκα, mid. p. ἀκήκοα, ἤκουσμαι. hear 7. am invoked 903 si recte audis.

ἄκρος -α -ον high. ἀκρότερος, ἀκρότατος 875. where supply πέτρας.

ἀνάγκη -ης necessity, fate 877.

ἀκτὴ -ῆς : ἄγω break, shore 177.

ἄκων -οντος : a not, ἵκων willing, unwilling.358. 591. 1230.

ἀλάομαι ; ἄλη ; (ἄλω) roll. ἀλήσομαι, ἀλάλημαι wander 1506.

ἀλγεινὸς -ὴ -ὸν ; ἀλγίω ; ἄλγος. afflicting 1580.

ἄλγος -ιος grief, affliction 1031 object to ἴσχοντα, ἀλγίων, ἄλ-
γιστος 675. 1238.

ἀλγύνω ; ἄλγος grief. ἀλγύνω afflict 332. 446.

ἀλεξίμορος -ον : ἀλέξω ward off, μόρος death, averter of death 163.

ἀλέξω, ἀλεξίω, ἀλεξήσω, ἠλέξηκα defend, assist 171. ward off 539.

ἀληθεία -ας ; ἀληθὴς true. truth.

ἄλις enough 1515.

ἀλλὰ but 1503—1375 marks an objection, in Latin atenim.

ἀλίσκω ; (ᾱλόω,) ἀλώσω, ἱάλωκα, ἥλωκα (with passive sense.)
(ἄλωμι) 2 aor. ἱάλων (with passive sense.) opt. ἀλοίην and
ἀλῴην, subj.ἄλω, inf. ἀλῶναι, part. ἀλούς. take, catch 542. 576.

ἀλκὴ -ῆς strength, protection.42. aid 189.

ἀλλαγὴ -ῆς ; ἀλλάσσω ; ἄλλος other, vicissitude 1206.

ἄλοξ = αὖλαξ -οκος f. a furrow. marriage bed 1211.

ἄλοχος -ου : a (i. e. ἅμα) with. λέχος bed. bed-fellow, wife—
: a not, λέχος bed, virgin 184.

ἄλλοθεν ; ἄλλος. from another side. 185. ἄλλοθεν ἄλλαι some
from one side, others from another.

ἄλλος -η -ο. other, rest 19. foreign 113. ἄλλος, ἄλλος, one, other.

ἄλλως ; ἄλλος. otherwise—in vain 1151.

ἄλυπος -ον : a not λύπη grief, exempt from trouble.

ἀλύω, wander, am tossed, distressed 696.

ἀλωτὸς -ὴ -ον ; ἀλόω = ἀλίσκω take. to be taken, or found 111.

ἅμα together, at the same time.

ἀμαιμάκετος -ον : a not, μάχομαι fight, invincible 177.

ἀμαξιτὸς -οῦ, f. ; ἅμαξα waggon : ἅμα together ἄγω carry, car-
riage-road, high-road 716.

ἄμβροτος -ον : a not βρατὸς mortal ; βρόω consume. immortal 158.

ἁμαρτάνω ; (ἁμαρτέω) ἁμαρτήσω, ἡμάρτηκα, ἡμάρτημαι, ἥμαρτον
2 aor. miss the mark, err, let slip 621.

ἀμελέω ; ἀμελὴς : a not μελέω care, ἀμελήσω, ἡμέληκα, ἡμέλημαι.
neglect 111.

ἄμορος -ον : a not, μόρος share ; μείρω divide, without share,
excommunicate 248.

ἀμύνω, ἀμυνῶ, ἤμυγκα ward off 894.

ἀμφὶ about (dat. 155.)

ἀμφιδέξιος -ον : ἀμφὶ on both sides, δεξία right hand, ambidexter.
1243 ἀμφ. ἀκμαῖς, the nails of both her hands.

ἀμφιπλὴξ -ῆγος : ἀμφὶ on both sides, πλήσσω strike, striking on
both sides, double-edged 416.

Ἀμφιτρίτη -ης : ἀμφὶ about, τρίω, = τρέω wear. Amphitrite, the
sea 195.

ἀναγκάζω ; ἀνάγκη necessity, ἀναγκάσω, ἠνάγκακα, ἠνάγκασμαι
compel 280.

ἀναγιγνώσκω : ἀνὰ up, γιγνώσκω ; γνόω know. ἀναγνώσομαι, ἀνέγ-
νωσμαι, ἀνέγνων 2 aor. recognise, read, know 1348.

ἄναγνος -ον : a not. ἀγνὸς holy. unholy 823.

ἀναιδῶς : a not αἰδὼς respect, impudently 854.

ἀνακηρύσσω : ἀνὰ up, κηρύσσω publish. ἀνακηρύξω, ἀνακεκήρυχα,
ἀνακεκήρυγμαι, proclaim, make public 450.

ἀνακίνησις -εως ; ἀνακινέω : ἀνὰ up. κινέω move. excitement 727.

ἀνακουφίζω : ἀνὰ up, κουφίζω ; κοῦφος light. ἀνακουφίσω, ἀνακεκού-
φικα, ἀνακεκούφισμαι raise up 23.

ἀνακούφισις -εως ; ἀνακουφίζω. alleviation 218.

ἀναλίσκω : ἀνὰ up, ἀλίσκω take, q. v. consume, destroy 1174.

ἀναμιμνήσκω : ἀνὰ back, μιμνήσκω ; μνάω put in mind ; μένος
mind. ἀναμνήσω, ἀναμέμνηκα, ἀναμέμνημαι, ἀναμνησθήσομαι
remind 1133.

ἄνανδρος -ον : a not, ἀνὴρ husband, unmarried 1506.

ἄναξ -κτος king, lord 911. voc. ἄνα, when applied to Jupiter.

ἀνάριθμος -ον : a not, ἀριθμὸς number. unnumbered 169.

ἀναπλάκητος -ον : a not, ἤπλακον 2 aor. of (ἀπλακίω) err,
  unerring 472.

ἀνακτίω : ἀνὰ back, πτίω breathe. ἀνακτίνσω, ἀνακίπνυκα, ἀνα-
  πίπνυμαι recover breath 1223.

ἀναῤῥήγνυμι ; ἀναῤῥήσσω : ἀνὰ up. ῥήγνυμι break, q. v. break
  forth 1075.

ἀνάσσω ; ἄναξ king. ἀνάξω rule over 904.

ἀνασώζω : ἀνὰ up, σώζω save. ἀνασώσω, ἀνασέσωκα, ἀνασέσωσμαι
  preserve 1352.

ἀνεκτὸς -ον ; ἀνέχω sustain. to be endured 429.

ἀνδραλατίω ; ἀνδρηλάτης ; ἀνὴρ man, ἰλαύω drive. ἀνδρηλατήσω,
  ἠνδρηλάτηκα, banish a man.

ἀνέρω : ἀνὰ, ἔρω tell. q. v. relate. ἀνέρομαι inquire 1304.

ἀνέχω : ἀνὰ back, ἔχω hold, hold back, (oneself,) i. e. cease 174.

ἀνήκιστος -ον : a not, ἀκίομαι heal, incurable 98.

ἀνὴρ -έρος -δρὸς man. pl. dat. ἀνδράσι.

ἀνίημι ; ἀνὰ back. ἵημι send ; ἵω, ἀνήσω, ἀνῖκα, ἀνῖμαι, ἄνην 2 aor.
  pl. ἄνιμεν and ἀνῖμεν 1405. send back. send forth 1278.
  produce, grant 270.

ἀνίστημι : ἀνὰ up. ἵστημι set. ἀναστήσω, ἀνέστηκα, ἀνίσταμαι
  . raise up tr. rise up, intr. 1209.

ἀντακούω : ἀντὶ in return. ἀκούω hear, q. v. hear in return 544.

ἀνιστορίω : ἀνὰ through, ἱστορίω enquire ; ἵστωρ skilled. ἀνιστορή-
  σω, ἀνιστόρηκα, ἀνιστόρημαι, enquire into, question 578.

ἀνοίκτως ; ἄνοικτος : a not, οἰκτός pity. without pity 183.

ἀνορθόω : ἀνὰ up, ὀρθόω ; ὀρθὸς straight. ἀνορθώσω, ἀνώρθωκα,
  ἀνώρθωμαι raise up, re-establish 46. 51.

ἄνορμος -ον : a not, ὅρμος station for ships, affording no anchor-
  age. unsafe, destructive 423.

ἀνόσιος -α -ον : a not, ὅσιος holy, unholy 353. 1290.

ἀνώγω ; (ἤνωγα, ἀνάσσω) ἀνάξω, ἄνωγα order. See Matthiæs'
  . Gr. Gram. § 223.

ἀντὶ against. in return for (gen.) ἀνθ᾽ ὧν 263 wherefore.

ἀντιάζω ; ἀντιάω ; ἄντιος *opposite.* ἀντιάσω, ἠντίακα confront 192.

ἀντιλέγω : ἀντὶ *against.* λέγω *say,* q. v. gainsay, controvert, speak in reply 409.

ἀντιπέμπω : ἀντὶ *in return,* πέμπω *send.* q. v. send in reply 306.

ἀτλητέω ; ἄτλητος : α *not,* τλάω *bear.* ἀτλητήσω, ἠτλέτηκα unable to endure 515.

ἄντρον -ου cave 478.

ἀνύω *or* ἀνύτω, ἀνύσω, ἤνυκα, ἤνυμαι make, render 166. 720.

ἄνω ; ἀνὰ *up,* upward, above 416.

ἄξιος -α -ον worthy, deserving. worth 972. adequate 1004.

ἀξιόω ; ἄξιος. ἀξιώσω, ἠξίωκα, ἠξίωμαι, think worthy 944. deign 1413.

ἀξίως ; ἄξιος worthily.

ἀοιδὸς -οῦ ; ἄδω *sing,* singer, *fem.* songstress 36.

ἀπαγγέλλω : ἀπὸ *from,* ἀγγέλλω announce. ἀπαγγελῶ, ἀπήγ- γελκα, ἀπήγγελμαι report 958.

ἀπάγω : ἀπὸ, ἄγω *carry.* ἀπάξω, ἄπηχα, ἄπηγμαι, ἀπήγαγον lead away 1336.

ἀπήνη -ης ; ἄπτω *join.* chariot 735. 803.

ἀπαιδία -ας : α *not,* παῖς *child.* want of children 1024.

ἀπατάω ; ἀπάτη *deceit.* ἀπατήσω, ἠπάτηκα, ἠπάτημαι deceive, mislead 594.

ἀπαυδάω : ἀπὸ *from,* αὐδάω ; αὐδὴ *voice.* ἀπαυδήσω, ἀπηύδηκα forbid 236.

ἀπειλέω ; ἀπειλὴ *threat.* ἀπειλήσω, ἠπείληκα, ἠπείλημαι threaten 450.

ἄπειμι : ἀπο *from,* εἰμὶ *am.* ἀπέσομαι am absent 1285.

ἄπειμι : ἀπὸ *from.* εἶμι ; ἴω *go.* ἀπείσομαι, ἀπῆα, ἄπιον 2 aor. shall or will depart 229. 431. 443.

ἀπείρων -ον == ἄπειρος : α *not,* πεῖρα *trial,* inexperienced 1091 ἀπ. (ὥστε) μὴ οὐ σὲ αὔξειν without our honouring thee.

ἀπευθύνω : ἀπὸ *from,* εὐθὺς *straight.* ἀπευθυνῶ rectify, direct 104.

ἁπλόος, οῦς, ἁπλόη, ἁπλῆ, ἁπλόον, οῦν : α not, (πλέω) fold, simple, single 606. trivial 518.

ἀπὸ from (gen.) 351. ἀπωτέρα. at a greater distance, very distant 137.

ἀποικέω ; ἄποικος : ἀπὸ from. οἶκος house, ἀποικήσω, ἀπῴκηκα, ἀπῴκημαι go from home intr. quit tr. 998.

ἀποκλαίω : ἀπὸ from, κλαίω mourn. ἀποκλαύσω, ἀποκέκλαυκα, ἀποκέκλαυμαι bemoan 1467.

ἀποκλείω : ἀπὸ, κλείω ; κλείς a key. ἀποκλείσω, ἀποκέκλεικα, ἀποκέκλεισμαι shut up 1388.

ἀποκλίνω : ἀπὸ from. κλίνω bend. ἀποκλινῶ, ἀποκέκλικα, ἀποκέκλιμαι bend, aside, tr. decline, wane, intr. 1192.

ἀποκρίνω : ἀπὸ from, κρίνω separate. ἀποκρινῶ, ἀποκέκρικα, ἀποκέκριμαι separate, select 640.

ἀπόλλυμι : ἀπὸ, ὄλλυμι ; ὀλέω destroy. ἀπολέσω, ἀπώλεκα, ἀπώλεμαι, ἀπωλόμην destroy. mid. perish. 1454 imperf. wished to destroy.

Ἀπόλλων -ωνος ; ἀπόλλυμι destroy. Apollo.

ἀπονοσφίζω : ἀπὸ from, νοσφίζω ; νόσφι apart. ἀπονοσφίσω, ἀπονενόσφικα, ἀπονενόσφισμαι separate from, elude, avoid 480.

ἀπόξενος -ον : ἀπὸ from, ξένος guest, inhospitable 196.

ἀπόπτολις -ιδος : ἀπὸ, πτόλις = πόλις city. absentee 1000.

ἄποπτος -ον : ἀπὸ from, ὄπτομαι see, out of sight 762.

ἀποσπάω : ἀπὸ from, σπάω draw. ἀποσπάσω, ἀπέσπακα, ἀπέσπασμαι tear off 1267.—1432 disappointed me of my expectation.

ἀπορέω ; ἄπορος. ἀπορήσω, ἠπόρηκα, am at a loss 486.

ἄπορος -ον : α not, πόρος way, without means, destitute 691.

ἀποσκεδάζω : ἀπὸ from, σκεδάζω ; σκεδάω scatter. ἀποσκεδάσω attic ἀποσκεδῶ, ἀπεσκέδασα, ἀπεσκέδασμαι disperse.

ἀποσκοπέω : ἀπὸ from, σκοπέω ; σκόπος view. ἀποσκοπήσω, ἀπεσκόπηκα, ἀπεσκόπημαι, look narrowly 748.

ἀποστατέω ; ἀποστάτης : ἀπὸ *from*, στάω *set*. ἀποστατήσω,
ἀπιστάτηκα stand off, fall short 743.

ἀποστέλλω : ἀπὸ *from*, στέλλω *send*. ἀποστιλῶ, ἀπέσταλκα, ἀπέ-
σταλμαι, ἀπέσταλον 2 aor. send forth. *passive* set out 115.

ἀποστερέω : ἀπὸ *from*, στερέω *deprive*. ἀποστερήσω, ἀπεστέρηκα,
ἀπεστέρημαι, ἀπεστερήθην, deprive 1381. 324. *governs* 2 acc.
person and thing.

ἀποστρέφω : ἀπὸ *from*, στρέφω *turn*. ἀποστρέψω, ἀπέστροφα p. m.
ἀπέστραμμαι, ἀπέστραφον, pas. ἀπιστράφην divert, turn away,
turn aside 326 pas. subj. 2 aor. 432.

ἀπότιμος -ον : ἀπὸ *from*, τιμὴ *honour*. dishonoured 215.

ἀπότομος -ον : ἀπὸ *from*, τίμνω *cut*. abrupt 876.

ἀπότροπος -ον ; ἀποτρέπω *turn away*. abominable, hateful 1313.

ἄπουρος -ον : ἀπὸ *from*, οὗρος *border*. removed 194.

ἀποφάσκω : ἀπὸ *from*, φάσκω ; φάω = φημὶ *say*. deny, contra-
dict 485.

ἀποφέρω : ἀπὸ *from*, φέρω *carry*, (οἴω) ἀποίσω, (ἐνέγκω) ἀπήνεγκα,
ἀπενεχθήσομαι carry away 1179.

ἀπωθέω : ἀπὸ *from*, ὠθέω *thrust*. ἀπωθήσω and ἀπώσω, ἄπωκα,
ἄπωσμαι reject, refuse 234. expel 641. 670.

ἄρα then, therefore, ἆρα *interrog*. 540.

ἀρὰ -ᾶς prayer, curse 296.

ἀραῖος -α -ον ; ἀρά. under a curse, subject to a curse 276. 1291.

ἀράομαι ; ἀρὰ, ἀράσομαι pray (for good or bad) ἠρασάμην 1 a.m.
ἀράσσω, ἀράξω, ἤραχα, ἤραγμαι, lacerate 1276.

ἀργὸς -ὴ -ὸν : ἀ *not*, ἔργον *work*, inactive, slow, 287.

ἄργυρος -ου ; ἀργὸς *white*, silver.

ἀρίσκω ; (ἀρίω or ἄραω *fit*) ἀρίσω, ἤρικα, adapt myself to, hence,
please 274.

ἄριστος -η -ον ; ἀρίσκω. pleasing 1107.

Ἄρης -εος Mars, war, acc. Ἄρην and Ἄρεα, ἀρίων, ἄριστος bravest,
best 46. 257. 440.

ἄρθρον -ου ; ἄρω *fit*, joint 718. 1032. socket 1270.

ἀρκέω, ἀρκέσω, ἤρκεκα, ἤρκισμαι suffice 1209.

ἀριθμὸς -οῦ number 844.

ἀρκτέος -α -ον ; ἄρχω command, it is necessary tó command, —or to be commanded,—i. e. to obey 628.

Ἀρκτοῦρος -ου : Ἄρκτος the bear, οὖρα a tail. Arcturus, situated near the tail of Ursa Major, rises on 12th September.1137.

ἀρνέομαι, ἀρνήσομαι, ἤρνημαι deny 571.

ἄρνησις -εως ; ἀρνέομαι denying 578.

ἁρμόζω ; ἁρμὸς a joining ; ἄρω fit. ἁρμόσω, ἤρμοκα, ἤρμοσμαι I fit tr. am adjusted, absolutely 992.

ἄροτος -ου ; ἀρόω plough, tillage, crop 270.

ἀρόω, ἀρόσω, ἤροκα, ἤρομαι, plough, sow, metaph. marry 1497. beget 1485.

ἄρρητος -ον : α not ῥέω speak, unspeakable, unutterable 465.

ἄρσην -εν male 1459.

Ἄρτεμις -ιδος, acc. Ἄρτεμιν Artemis, Diana.

ἀρτίως ; ἄρτι. just now, very lately 242. 473.

ἀρχαῖος -α -ον ; ἀρχὴ, ancient 1034.

ἀρχὴ -ῆς beginning 385. 121. government 259. 905.

ἀρχηγέτης : ἀρχὴ command, ἡγέομαι lead. prince 751.

ἄρχω ; ἀρχὴ beginning. ἄρξω, ἤρχα govern (with genit.) 54.580.

ἄρουρα -ας ; ἀρόω plough, ploughed land, soil 1257.

ἀρτάνη -ης ; ἀρτάω suspend, rope 1265.

ἀρωγὸς -οῦ ; ἀρήγω assist, avenger, defender, adj. assisting 206.

ἀσαφὴς -ὲς : α not, σαφὴς clear, obscure 439.

ἀσιβὴς -ὲς : α not, σίβω worship, impious 1441.

ἄσικτος -ον : α not, σίβω worship, profane 890.

ἀσπάζομαι ; σπάω draw, ἀσπάσομαι, ἤσπασμαι salute 596.

ἀσπὶς -δος a shield 191.

ἀστεργὴς -ὲς : α not, στέργω love, disagreeable 229.

ἀστὸς -οῦ ; ἄστυ city, citizen 392. 776.

ἀστραπὴ -ῆς ; ἀστράπτω lighten ; ἄστρον star. lightning 200.

ἄστυ -εις city 35.

ἀσφαλεία -ας ; ἀσφαλὴς *secure*, security 51.

ἀσφαλὴς -ὲς : α *not*, σφάλλω *trip up*. secure 617,

ἀσφαλῶς ; ἀσφαλὴς. securely, surely 813.

ἀσχάλλω = ἀχάλλω ; ἄχος *pain*. ἀσχαλῶ grieve 937.

ἄτεγκτος -ον : α *not*, τέγγω *bedew*, not to be softened by tears, inexorable 336.

ἀτελύτητος -ον : α *not*, τελευτάω ; τελευτὴ ; τέλος *end*, unperformed. impracticable 336.

ἄτη -ης havoc, mischief 164.

ἀτιμάζω ; ἄτιμος. ἀτιμάσω, ἠτίμακα, ἠτίμασμαι, ἠτιμάσθην dishonour 1081. insult 340.

ἄτιμος -ον : α *not*, τίω *honour*. dishonoured, unanswered 789 *lat*. inconsultus.

ἄτλητος -ον : α *not*, τλάω *bear*. intolerable 792.

ἄτρεστος -ον : α *not*, τρέω *tremble*. unalarmed, tranquil 588.

αὐδάω : αὐδὴ *voice*. αὐδήσω, ηὔδηκα, ηὔδημαι *imperf*. ηὔδων speak, declare 392. 527. 568.

αὐδὴ -ῆς ; ἄυω *cry*. voice 1326.

αὐθαδία -ας ; αὐθαδὴς *self-willed* : αὐτὸς *self*, ἅδω *please*, self-conceit, arrogance 549.

αὐθαίρετος -ον : αὐτὸς *self*, αἱρέω *take*. self-induced 1231.

αὖθις ; αὖ, again 1316. anew 359.

αὐξάνω, αὔξω, αἴξω, αὐξήσω, ηὔξηκα, ηὔξημαι, ηὐξήθην, increase *tr*. promote, honour 1092.

αὔριον *adv*. to-morrow 1090.

αὖτε : αὖ, again.

αὐτὴ -ῆς ; ἄυω *cry*. a cry, shout, 184.

αὐτίκα ; αὐτὸς *very*. instantly, τὰ δ᾽ αὐτ. 1222. on the instant. κατὰ *to be supplied*.

αὐτοέντης -ου : αὐτὸς *self*, εντης ; ἄω, (ανύω) *kill*. murderer 107.

αὐτὸς -ὴ -ὸ self, very. ὁ αὐτὸς *contr*. αὐτὸς same 458. 1208.

αὑτοῦ -ῆς -οῦ *contr. for*, ἑαυτοῦ, of himself, herself, itself 228. 612. 1237. 138 *in the first person*, myself, *for* ἐμαυτοῦ.

ἀφανὴς -ὲς : a not, φαίνω shew. obscure.

αὐτόχειρ -ος : αὐτὸς self, χεὶρ hand. with one's own hand, author, perpetrator 231. 266.

αὔτως ; αὐτὸς the same. in the same manner 931. = ὡσαύτως.

ἀύω, ἀύσω, ἤυκα, cry 1260.

ἄφαντος -ον : a not, φαίνω shew. unseen 560. out of sight 832.

ἄφατος -ον : a not, φημὶ say. indescribable 1314.

ἀφίημι : ἀπὸ from, ἵημι send ; ἰω. ἀφήσω, ἀφεῖκα, ἀφεῖμαι, ἄφην 2 aor. part. ἀφεὶς send away 320, reject 599. neglect 860. remit, relax 198. deliver 1177. mid. leave hold of 1521.

ἀφικνέομαι : ἀπὸ from, ἱκνέομαι come. ἀφίξομαι, ἀφῖγμαι arrive, come to 265.

ἀφόβητος -ον : a not, φοβέω ; φόβος fear. fearless 885.

ἄχαλκος -ον : a not, χάλκος brass. without brass, unarmed 191.

ἄψαυστος -ον : a not, ψάυω touch. untouched, without touching 969.

ἄψορρος -ον : ἄψ back, ὄρω move. returning from 431.

βαίνω ; (βάω) βήσω trans. βήσομαι intr. βέβηκα intr. 959. βέβαα, part. βεβὼς 772. (βῆμι) ἔβην. go, come intr. make to go, trans.

βαιὸς -ὰ -ὸν small, single 750.

Βάκχος -ου Bacchus 211.

Βακχεῖος -α -ον ; Βάκχος. Bacchanalian 1105.

βάξις-εως ; βάζω speak. report 519.

βαρύς -εῖα -βαρὺ ; βάρος weight. heavy, burdened 17. injurious 546. sorry 673.

βαρύνω ; βαρὺς. βαρυνῶ, βεβάρυγκα, βεβάρυμμαι, ἐβαρύνθην oppress. βαρυνθεὶς 781. indignant.

βαρύστονος -ον : βαρὺς, στονὸς ; στένω grieve. grievous 1233.

βάσανος -ου, fem. stone by which gold is tried. proof 493. 511.

βασιλεὺς ·έως king.

βέλος -εος ; βάλλω cast. dart, arrow 204. 893.

βιάζω ; βία force. βιάσω, βιβίακα, βιβίασμαι, ἰβιάσθην compel, urge 524.

βίος -ου life 39. 248. 1124. means of life 1461.

βιόω ; βίος. βιώσω, βιώσομαι, βιβίωκα, (βίωμι) ἰβίων 2 aor. βιῶναι inf. 1487. live.

βλάβη -ης ; βλάπτω injure. injury 517.

βλαστάω ; (βλαστίω) βλαστήσω, βιβλάστηκα, ἴβλαστον 2 aor. βλαστὼν 1376. sprout, spring 1376. βλαστ. κ.τ.λ. spring whence they may.

βλάστη -ης ; βλαστάω shoot. a shoot, budding 717 κατὰ omitted.

βλίπω, βλίψω, βίβλιφα, βίβλιμμαι see, 302. 347.

βλεπτὸς -ὴ -ὸν ; βλίπω. to be seen 1337.

βλίφαρον -ου ; βλίπω. eye-lid 1276.

βοάω ; βοὴ.βοήσω, βιβόηκα cry 1252. cry—order,with a cry 1287.

βοὴ -ῆς roar, cry 420.

βορὰ -ᾶς ; (βόρω) voro, devour. food 1463.

βόσκω ; βόω. βοσκήσω, βιβόσκηκα feed, nourish 1425.

βοτὴρ -ῆρος ; βόω. feeder, shepherd 837; 1045.

βούλευμα -τος ; βουλεύω. counsel 45 dep. on ἴμπιιρος opinion 557.

βουλεύω ; βουλὴ counsel. βουλεύσω, βιβούλευκα,βιβούλευμαι plan 537.

βουνόμος -ον : βους ox, νόμος pasture. ox feeding 26. ἀγίλαις βουνόμοις herds of grazing oxen.

βραχὺς -εῖα -ὺ short, brief 121. βραχίων, βράχιτος.

βροτὸς -οῦ ; βρόω consume. mortal 499.

βρότειος -α -ον ; βροτὸς. mortal, human 709.

βρυχάω ; βρυχὴ gnashing of teeth. βρυχήσω, βιβρύχηκα, βιβρύχημαι, ἰβρυχήθην, gnash the teeth 1265.

βυθὸς -οῦ depth 24.

βωμὸς -οῦ altar 16.

γαιήοχος -ου : γαῖα, ἴχω have. surrounding the earth, (applied to Neptune.) Presiding over the earth, (to Diana.) 160.

c

γαμβρὸς -ῦ == (γαμέρος) ; γαμίω marry. relation by marriage. kinsman 70.

γαμίω ; γάμος, γαμήσω and γαμῶ 1500. γαμῦμαι mid. γεγάμηκα, γεγάμημαι 1 aor. ἔγημα 577. ἐγημάμην, ἐγαμήθην.

γάμος -ου marriage 1492.

γαμψῶνυξ -ὑχος : γαμψὸς ; γάμπτω == κάμπτω bend, ὄνυξ talon. with crooked talons 1197.

γὰς for. In interrog. sent. it may be rendered, why? what! 102. now, when beginning a narration 1241.

γιλαστὴς -ῦ ; γιλάω laugh. scoffer 1422.

γινιὰ -ᾶς ; generation 1186.

γίνιιον -ου ; γίνυ cheek 1277.

γίνιθλον -ου ; (γινίω) produce. family, race 1425.

γινίτης -ου ; (γινίω). father. son 470.

γίνος -ιος. race, family 261. ἐν γίνει 1016. 1430. akin.

γινναῖος -α -ον ; γινάω produce. noble 1469.

γίννημα -τος ; γινάω produce. family 1163.

γιννητὴς -ῦ ; γινάω, parent 1015.

γιραιὸς -ὰ -όν ; γίρων old man. old 9.

γίρων -οντος ; an old man 1177.

γὴ, γῆς land 47.

γήθω, γηθίω, γηθήσω, γεγήθηκα, γίγηθα p. m. rejoice. γιγηθὼς 368 with impunity.

γῆρας, γήραος, γήρως neut. old age 17. 1113.

γηράσκω ; γῆρας, γηράσω, γιγήρᾶκα grow old 872.

γῆρυς -νος voice 187.

γίγνομαι (γινίω) γινήσομαι, γίγονα, γιγίνημαι, ἐγινόμην, (γάω) γίγαα, γιγὼς part. 1668. become. arise, am, (γινίω) ἐγινάμην tr. 1020 beget.

γλήνη -ης pupil (of the eye) 1277.

γιγνώσκω ; (γινίω) γινώσομαι, ἔγινκα, ἔγινσμαι, 2 aor. ἔγινν.; (γινῶμι) know 403.

γνώμη -ης ; (γνόω) *know*. sentiment, wit *i. e.* knowledge, understanding 398. 1087. intention 524. 689. suggestion 525.

γνωρίζω ; (γνόω) *know*. γνωρίσω, ἰγνώρικα, ἰγνώρισμαι know, discover 538.

γνωστὸς -ὴ -ὸν : γιγνώσκω *know*, known, understood 361.

γνωτὸς -ὴ -ὸν ; (γνόω) *know*. known 58, 396.

γοάω, γοάσω and γοήσω, γεγόηκα bewail 1244.

γόος-ου lamentation.

γονεὺς -εως ; γόνος *race*, parent 436.

γονὴ -ῆς ; γίγνομαι *am born*, family 1469.

γῦν : γι, ἒν, at least, however 626.

γράφω, γράψω, γέγραφα, γέγραμμαι write, enrol 411.

γυνὴ -αικὸς woman. lady 642.

δαίμων -ονος ; δάιω *distribute*. deity 244. 34. 828.

δακρύω ; δάκρυ *tear*. δακρύσω, δεδάκρυκα. weep 66. 1486.

δακρυῤῥοέω ; δακρύῤῥοος weeper : δάκρυ *tear*, ῥέω *flow*, δακρυῤῥοήσω, δεδακρυῤῥόηκα, shed tears 1473.

δάμαρ -αρτος ; δαμάω *subdue*, wife 830.

δάπτω, δάψω, δέδαφα; δέδαμμαι bite, provoke 682.

δασμὸς -ῦ ; δάζω *divide*, share, tribute 36.

Δαύλιος -α -ον ; Δαυλὶς, of Daulis, in Phocis,—Daulian 734.

δάφνη -ης laurel 83.

δεῖ imp. ἰδει. fut. δεήσει, inf. δεῖν, part. δέον, it behoves 1334. it requires, needs, (with gen.) impers. from δέω I bind. 395.

δείδω-; δείω ; δίος *fear*, δείσω, δέδοικα, δέδια fear 11. 1074. 1413.

δείκνυμι, δείκω, δείξω, δέδοικα, δέδειγμαι, ἰδείχθην shew 278. 614.

δείλαιος -α -ον ; δειλὸς ; δείδω *fear*, timid, miserable 1347.

δειλία -ας ; δειλὸς cowardice 536.

δεῖμα -ατος ; δείδω *fear*, alarm 153. 294.

δεινὸς -ὴ -ὸν ; δείω *fear*, dreadful, fearful 316. 470. 513. dreadfully *neut. pl. used adverbially* 483. skilful 546.

δεινόπους -ποδος : δεινὸς, πούς *foot* ; fast-footed 418.

Δελφὶς -ίδος; Δελφοὶ *Delphi.* of Delphi, Delphian 463.

Δελφοὶ -ῶν Delphi, now called Castri, a town of Phocis, cele-
brated for the temple and oracle of Apollo 734.

δέρκω, δέρξω, δίδερχα, δίδορκα, δίδεργμαι, ἔδαρκον 2 aor. and by
change, ἔδρακον, see 389. 412. 454.

δισπότης -ου; δισπόζω command, master 945. voc. δίσποτα.

δεῦρο adv. hither 531.

δεύτερος -α -ον second 282.

δίχομαι, δίξομαι, δίδεγμαι receive 217. 1163.

δήλημα -τος; δηλέω hurt, injury, ruin 1425.

Δήλιος -α -ον : Δῆλος *Delus,* Delian, of Delos 154.

δηλόω ; δῆλος evident, δηλώσω, διδήλωκα, διδήλωμαι shew 792.
δήπου in truth, I suppose 1042.

δῆτα ; δὴ in truth. then, therefore 364. in truth, forsooth 430.

διὰ through. δι᾽ ὀργῆς 344 in anger. διὰ τύχης 774 in misfortune.

διάσσω : διὰ through, ἄισσω rush διᾴξω. penetrate 208.

διάτορος -ον ; διατείρω : διὰ through, τείρω bore. pierced 1035.

διαφανὴς -ὶς : διὰ through, φαίνω shew, transparent, clear 754.

διαφθείρω : διὰ through, φθείρω corrupt. q. v. destroy.

διαφθορὰ -ᾶς ; διαφθείρω. destruction 573.

διδακτὸς -ὴ -ὸν ; διδάσκω teach, to be taught, or told 300.

διδάσκω, διδάξω, δίδιδαχα, διδίδαγμαι, ἰδιδάχθην teach, inform 357.

δίδωμι ; (δόω) δώσω, δίδωκα, δίδομαι, ἔδωκα 1 a. ἔδων 2 a. δοὺς part.
1039. give.

διίπω : διὰ through. ἴπω speak. διεῖπον 2 aor. declare 854.
explain 394.

διέχω : διὰ through, ἔχω have. q. v. divide, elapse 717.

δικάζω ; δίκη suit, δικάσω, διδίκακα, διδίκασμαι decide (a suit.)
condemn, demand satisfaction 1215.

δίκαιος -α -ον ; δίκη. just 280.

δικαίως ; δίκαιος. justly 1283.

δικαιόω ; δίκαιος. δικαιώσω, διδικαίωκα, διδικαίωμαι think just 6. 575.

δίκη -ης justice 274. satisfaction, retribution 552.

διοίγω, διοίγνυμι : διὰ, οἴγω open, διοίξω, διῴξα 1 a. διῷχα, and διῴχα, διῴγμαι open 1287.

διόλλυμι see ὄλλυμι perish 225. 1160 intr, destroy trans. 442. hence, obliterate from the memory, forget 319.

διορίζω : διὰ through, ὁρίζω ; ὅρος boundary. διορίσω, διώρικα, διώρισμαι determine 723. destine 1083.

διπλόος -ῦς, διπλόη -διπλῆ, διπλόον διπλοῦν : δι double, (πλέω) fold, double 607. 1320. two-fold, two 288. folding 1261.

διφέρω : δι apart, φέρω bear. (διω) διοίσω (ἰνέγκω) διήνεγκα, διήνεγμαι, bear across. simply, bear, endure 321.

δοκίω, δοκήσω, δόξω (δίδοχα unused) δίδογμαι, think 1111. 1170. approve 485. 435. 346. appear 282. have the semblance 1191. am considered, thought, or credited 126.

δόκησις -εως ; δοκίω think, estimation, suspicion 681.

δόλιος -α -ον ; δόλος deceit, deceitful.

δόλος -ου deceit, treachery 960.

δόξα -ης ; δοκίω think, opinion. idea 911.

δόσις -εως ; (δόω) give. giving, gift 1518.

δοῦλος -ου slave, servant 764.

δράω, δράσω, δίδρᾱκα, δίδρᾱμαι do 72. 559. acc. of person and thing 640.

δράμημα -τος ; δρέμω run. course 193.

δραστίος -α -ον ; δράω do. to be done 1443.

δύο, δύω, δυοῖν, δυεῖν, two 1280. indecl. in Homer and Herodotus.

δρυμὸς -ῦ ; δρῦς oak. grove of oak.

δύναμαι, imp. ἠδυνάμην, ἰδυνάμην, δυνήσομαι, ἰδυνήθην am able 281.

δύναμις-εως ; δύναμαι. power 938.

δυναστεία -ας ; δυναστὴς ; δύναμαι. dynasty, sway 593.

δυσάλγητος -ον : δὺς ill, ἀλγίω ; ἄλγος grief. unfeeling 12.

δυσδαίμων : δὺς ill, δαίμων fate. unhappy, miserable 1303.

δυσμινὴς -ις : δὺς ill, μίνος spirit. hostile 556.

δύσμορος -ον : δὺς ill, μόρος fate. ill-fated, unfortunate 665.

δυσούριστος -ον : δὺς, οὐρίζω = ὁρίζω ; ὅρος limit. interminable 1316.

δύσποτμος -ον : δὺς ill, πότμος fate. ill-fated 888. 1068.

δυστάλας -αινα -αν : δὺς ill. τάλας wretched. unfortunate 1235.

δύστικνος -ον : δὺς ill, τίκνον child. unhappy in children 1248.

δυστίκμαρτος -ον : δὺς with difficulty τικμαίρω ; τίκμαρ sign, difficult of proof, or investigation 109.

δύστηνος -ον ; δὺς ill, στάω make to stand. unfortunate 790. 855.

δυστυχίω; δυστυχὴς unfortunate : δὺς ill, τύχη fortune. δυστυχήσω, am unfortunate, fail 262.

δύσφορος -ον : δὺς ill, φέρω bear. insupportable, distressing 87.

δυσφόρως ; δύσφορος. distressfully 770. ἦγον δυσφ. 784. took ill.

δῶμα -ατος ; δίμω build. house, palace.

Δωρὶς -ίδος, Dorian.

δωρητὸς -ον ; δωρέω ; δόω give. given, presented 364.

δῶρον -ου ; δόω. gift 1023.

ἰάω, ἰάσω, ἴïακα, ἴïαμαι, suffer, permit—leave 257. 676.

ἐγγενὴς -ὶς : ἐν in, γίνος race. innate. native 452. genuine 1168. kindred 1506.

ἐγγενῶς ; ἐγγενὴς. sincerely 1225.

ἔγγυθεν ; ἐγγὺς near, at hand 1259.

ἐγκαλίω : ἐν in, καλίω call, ἐγκαλίσω, or ἐγκλήσω, ἐγκίκληκα ἐγκί κλημαι summon.—accuse 702.

ἔγκαρπος -ον : ἐν in, κάρπος fruit, containing fruit 25.

ἐγκρατὴς -ὶς : ἐν in, κράτος strength. in authority 940.

ἐγώ, ἐμοῦ, I. ἔγωγε I indeed. I emphatically.

ἐγχείρημα -τος ; ἐγχειρίω : ἐν on, χεὶρ hand. attempt 540.

ἔγχος -ιος : ἐν in, ἴχω hold. spear. aid, acuteness 170.

ἕδος -ιος ; ἵζω sit. seat 886.

ἕδρα, ας ; ἕδος seat. 2. situation. 1271.

ἵζομαι ; ἰω place. fut. ἰδοῦμαι sit 32.

ἰ if, ἰ γὰρ I wish 80. 863. since 520.

ἰιδίω, εἴδω, εἴσομαι 1517. οἶδα 2 per. οἶσθα 43. part. ἰιδὼς from (εἴδα) 397. 500. pl. perf. ᾔδειν, attic ᾔδη 432. plur. ᾔδειμεν 1232. 2 aor. εἶδον and ἴδον saw 119.—know, see.

εἰκάθω = εἴκω yield 653.

εἰκάζω ; εἴκω am like. εἰκάσω make like, conjecture 82. 404.

εἰκῆ adv. at random 979.

εἴκω, εἴξω, εἶκα, ἔοικα, am like, am fitting. part. perf. ἐοικώς and εἰκώς -υῖα -ὸς 257.

εἶμα -τος ; ἕω put on. vest, robe 1268.

εἶμι ; (ἴω). εἴσομαι in Ionic Greek only. ἥα or ᾖα. imper. ἴθι, ἴτω 46. inf. ἰέναι. 2 aor. ἴον, pt. ἰών.—Will go 637. shall accede 495. pass 669. tend to 324.

εἰμὶ : (ἴω). ἔσομαι. am. am (in the power of) 917.

εἴργω, εἴρξω, εἶρχα, εἶργμαι restrain, prevent 122.—εἴργω shut.

εἷς, μιὰ, ἕν, one, single 122. ἀνὴρ εἷς 1380. a distinguished individual.

εἰς, ἐς to. τὸ εἰς ἑαυτὸν 706 to the best of his power.

εἰσαεὶ : εἰς to, ἀεὶ always. for ever 275.

εἰσαναβαίνω : εἰς to, ἀνὰ up, βαίνω go. εἰσαναβήσομαι, 2 aor. εἰσανέβην, pt. εἰσαναβὰς -ᾶσα, ὰν 876.

εἰσοράω : εἰς to, ὁράω see. εἰσοράσω, εἰσώρᾱκα, εἰσώρᾱμαι behold 22.

εἰσδέχομαι : εἰς to, δέχομαι receive. εἰσδέξομαι, εἰσδέδιγμαι, admit, receive 238.

εἰσδύω : εἰς, δύω clothe. εἰσδύσω tr. εἰσδέδυκα intr. 2 aor. εἴσεδυν, invest (another) tr. enter into, pervade, intr. 1317.

εἰσίδω : εἰς to, εἴδω see. 2 aor. εἰσεῖδον, εἴσιδον behold 105. 768.

εἰσέρχομαι : εἰς to, ἔρχομαι come. (ἐλεύθω) εἰσελεύσομαι, εἰσελήλυθα 319. εἰσῆλθον 2 aor. enter.

εἰσόπτομαι : εἰς to, ὄπτομαι see. εἰσόψομαι, εἰσῶμμαι behold 1224.

εἰσπαίω : εἰς to, παίω strike. εἰσπαίσω, εἰσπέπαικα, εἰσπέπαιμαι strike in, rush in 1252.

εἰσπλέω : εἰς in. πλέω sail. εἰσπλεύσω, εἰσπέπλευκα sail in, enter (as a ship enters harbour) metaph. 423.

εἰσχειρίζω : εἰς in. χειρίζω ; χεῖρ hand. εἰσχειρίσω, εἰσκεχείρικα ἰσκιχίιρισμαι put into hand 384.

ἶτα then 452.

ἶτι whether, either, or if 92.

ἰκ, ἰξ from (gen.) after 235.

ἰκβάλλω : ἰκ out, βάλλω cast. ἰκβλήσω, ἰκβέβληκα, ἰκβέβλημαι, ἰξίβαλον 2 aor. cast out, expel 386. 399. reject 849.

ἔκγονος -ον : ἰκ out, γίγνομαι am born. offspring, child 1474. production 172.

ἰκδιδάσκω : ἰκ thoroughly, διδάσκω teach. ἰκδιδάξω, ἰκδιδίδαχα, ἰκδιδίδαγμαι, 1 aor. pas. ἰξιδιδάχθην. instruct 38.

ἰκδημίω : ἔκδημος : ἰκ out, δῆμος people, ἰκδημήσω, ἰκδιδήμηκα. am absent from home, am abroad 114.

ἰκδίδωμι : ἰκ out, δίδωμι give. ἰκδώσω, ἰκδίδωκα, ἰκδίδομαι deliver 1041.

ἰκεῖνος -η -ο ; ἰκεῖ there. that.

ἰκηβόλος -ου : ἕκας far, βάλλω throw. far-darting 162.

ἰκθιάομαι : ἰκ out, θιάομαι see. ἰκθιάσομαι, ἰκτιθίαμαι see out i. e. completely 1253.

ἰκκαλίω : ἰκ out, καλίω call. ἰκκαλίσω, ἰκκλήσω, ἰκκίκληκα, ἰκκίκλημαι call on, appeal to 597.

ἰκκινίω : ἰκ out. κινίω move. ἰκκινήσω, ἰκκικίηκα, ἰκκικίημαι excite, agitate, utter 354.

ἰκκυλίνδω ; ἰκ out, κυλίνδω roll ; κυλίω. ἰκκυλίσω, ἰκκικίλικα, ἰκκικύλισμαι, ἰξικυλίσθην roll out 811.

ἔκλυσις -εως : ἰκ out, λύω loose. relief, riddance 306.

ἰκλυτήριος, οι ; ἰκλύω release. bringing relief 302.

ἰκλύω : ἰκ from, λύω loose. ἰκλύσω, ἰκλίλυκα, ἰκλίλυμαι set free 35.

ἰκμανθάνω ; ἰκ out, μανθάνω learn (μαθίω). ἰκμαθήσω, ἰκμιμάθηκα, ἰξίμαθον, learn (thoroughly) 286. 576. 835.

ἰκμιτρίω : ἰκ out, μιτρίω ; μίτρον measure. ἰκμιτρήσω, ἰκμιμίτρηκα, ἰκμιμίτρημαι measure out 795.

ἔκμηνος -ον : ἰξ six, μὴν month. of six months. τρεῖς ὅλους ἰμ. κ.τ.λ. 1127. Three whole periods of six months from spring to Arcturus, i. e. Three following summer half-years.

ἐκπείθω : ἐκ out, πείθω persuade. ἐκπείσω, ἐκπέπεικα, ἐκπέπεισμαι. persuade, induce 1025.

ἐκπειράω : ἐκ out, πειράω ; πεῖρα trial. ἐκπειράσω, ἐκπεπείρακα, ἐκπεπείραμαι attempt, mid. the same sense 360.

ἐκπέμπω : ἐκ out, πέμπω send, ἐκπέμψω, ἐκπέπομφα, ἐκπέπεμμαι send out. mid. send for from 951.

ἐκπλήσσω : ἐκ out, πλήσσω strike. (πλήγω), ἐκπλήξω, ἐκπέπληχα, ἐκπέπληγμαι, ἐξέπληγον 2 a. applied to the body, ἐξέπλαγον to the soul. astonish, stun 922.

ἐκπράσσω : ἐκ out, πράσσω do. ἐκπράξω, ἐκπέπραχα, ἐκπέπραγμαι, accomplish. exact punishment 377.

ἐκρίπτω : ἐκ, ῥίπτω cast. ἐκρίψω, ἐξέρριφα, ἐξέρριμμαι cast out 1412.

ἐκστέλλω : ἐκ out, στέλλω equip. ἐκστελῶ, ἐξέσταλκα, ἐξέσταλμαι send out—fit out—adorn 1269.

ἐκστίφω : ἐκ out, στίφω crown, ἐκστίψω, ἐξέστιφα, ἐξέστιμμαι furnish 3.

ἐκσώζω : ἐκ out, σώζω save. ἐκσώσω, ἐκσέσωκα, ἐκσέσωσμαι, ἐξεσώθην, ἐκσωθήσομαι rescue 443.

ἐκτείνω : ἐκ out. τείνω stretch. ἐκτενῶ, ἐκτέτακα, ἐκτέταμαι 153. extend, rack.

ἐκτόπιος -α -ον : ἐκ out, τόπος place. out of place—removed, distant 166. 1340.

ἐκτρέπω : ἐκ out, τρέπω turn. ἐκτρέψω, ἐκτέτροπα, ἐκτέτραμμαι, 2 a. ἐξέτραπον turn from tr. swerve 851.

ἐκτρέφω : ἐκ out, τρέφω nourish. ἐκθρέψω, ἐκτέτροφα, ἐκτέθραμμαι bring up 827.

ἐκτρίβω : ἐκ out, τρίβω rub. ἐκτρίψω, ἐκτέτριφα, ἐκτέτριμμαι, ἐξέτρι-βον 2 aor· ἐξετρίβην, pas. ἐκτριβήσομαι 2 fut. wear out, cancel. degrade 428.

ἐκφαίνω : ἐκ out, φαίνω shew ; φάος light. ἐκφανῶ 1 aor. ἐξέφηνα, ἐκπέφαγκα, mid. ἐκπέφηνα, ἐκπέφασμαι shew forth, explain 243. disclose, discover 329.

ἐκφεύγω : ἐκ out. φεύγω fly. ἐκφεύξω, ἐκπέφευγα, ἐκπεφευγοίην opt.
840. ἐξέφυγον 2 aor. escape 111.

ἐκφοβέω : ἐκ out, φοβέω frighten ἐκφοβήσω, ἐκπεφόβηκα terrify, tr.
am alarmed intr. 989.

ἐκφύω : ἐκ out, φύω produce. ἐκφύσω, ἐκπέφυκα intr .ἔξεφυν 2 aor.
intr. produce 437, 827. 1017. intr. am produced, or born
261. 1084.

ἑκὼν -όντος, voluntary 1230.

ἐλαύνω : (ἐλάω) ἐλάσω, and ἐλῶ, ἐλᾷς, ἐλᾷ 418. ἐλήλακα, ἐλήλαμαι,
ἠλάθην drive 805. agitate 28. expel 98. 418.

ἔλεγχος -ου : ἑλεῖν to take, ἔγχος spear. taking the spear to de-
termine a dispute — proof 603 εἰς omitted.

ἐλέγχω ; ἔλεγχος, ἐλέγξω, ἤλεγχα, ἤλεγμαι prove, examine 783.
reproach, 333.

ἐλεινὸς -ὴ -ὸν = ἐλεεινὸς ; ἔλεος pity. piteous, affecting 672.

ἐλευθερόω ; ἐλεύθερος free. ἐλευθερώσω, ἠλευθέρωκα, ἠλευθέρωμαι,
I free—speak freely, give vent to 706.

Ἑλικωνὶς-ίδος ; Ἑλίκων Helicon. of Helicon 1108.

ἐλπὶς -ίδος hope.

ἐμαυτοῦ -ῆς -οῦ : ἐμοῦ of me, αὐτὸς self. of myself.

ἐμβαίνω : ἐν in, βαίνω go. ἐμβήσω tr. ἐμβήσομαι, ἐμβέβηκα, ἐνέβην
intr. step on, mount on 803.

ἐμμένω : ἐν in, μένω remain. ἐμμενῶ, ἐμμεμένηκα abide by 351.

ἐμὸς -ὴ -ὸν ; ἐγὼ (ἐμοῦ) I. mine 15.

ἐμπίπτω : ἐν in, πίπτω fall. (πεσέω) ἐμπεσοῦμαι, 2 aor. ἐνέπεσον
fall in 1262.

ἐμπλέκω : ἐν, πλέκω twine. ἐμπλέξω, ἐμπέπλεχα, ἐμπέπλεγμαι
entangle 1264.

ἔμπειρος -ον ; ἐν in, πεῖρος ; πεῖρα experience. skilful 44.

ἐμπόδων : ἐν in, πούς foot. in the way (of the feet) 128. before
(the feet), present 445.

ἐμπολέω or -άω : ἐν in πολέω change, ἐμπολήσω, ἐμπεπόληκα, ἐμπε-
πόλημαι barter—buy 1025.

ἐμπερεύομαι ; ἔμπορος *traveller* : ἰν *in*, πόρος ; πείρω *pass.* ἐμπορεύομαι traffic—*same as simple verb* walk upon 456.

ἐμφανὴς -ὲς : ἰν *in*, φαίνω *shew.* evident, conspicuous 909.

ἐμφανῶς ; ἐμφανὴς *evident*, clearly 534.

ἔμφρων -ον : ἰν *in*, φρὴν *mind.* In one's mind, wise 436.

ἐμφύω : ἰν *in*, φύω *produce* (*see* ἐκφύω) implant (trans.) am implanted (*intr. and passive.*) 229.

ἐμφύλιος -α -ον : ἰν, φῦλον *race* ; φύω *produce*, kindred 1406.

ἰν in (*dat.*) dependant on 314. *In ellipse of* ἐστὶ, is in, lies 598.

ἰναγὴς -ὲς : ἰν, ἄγος *purification*, impious. bound by oath 656.

ἰνάλλομαι : ἰν *in*, ἄλλομαι *leap* ; ἅλς *sea*; ἰναλοῦμαι, ἰνηλάμην 1 *aor. mid.* leap on 262. 1261.

ἰναριθμέω : ἰν *in*, ἀριθμέω ; ἀριθμὸς *number*, ἰναριθμήσω, ἰνηρίθμηκα, ἰνηρίθμημαι, reckon 1188.

ἰνδατέομαι : ἰν, δατέομαι ; δαίω *divide.* ἰνδατήσομαι distribute 205.

ἐμβατεύω ; ἐμβάτης : ἰν *on*, βαίνω *go.* ἐμβατεύσω, ἐμβεβάτευκα step upon 825.

ἰνδικος -ον : ἰν *in*, δίκη *justice.* just 683. 1158. satisfactory 1420.

ἰνδίκως ; ἰνδικος, justly.

ἰνειμι : ἰν *in*, ἰμὶ *am*, ἰνέσομαι. am in, ἰνι 170 ellipse of ἔνεστι.

ἰνθα : ἰν *in*, here, where 316. 1249.

ἰνθαδὶ : ἰνθα. here 451, present 488.

ἰνθεν whence 1179.

ἰνθενδὶ ; ἰνθα *there*, from that place 125 (*meaning Thebes.*)

ἰνθύμιον -αν ; ἰνθῦμος : ἰν *in*, θυμὸς *mind.* solicitude 739.

ἰνέπω : ἰν *in* ἔπω *say.* command, bid 350.

ἰννομος -ον : ἰν *in*, νόμος *law.* consistent with law 321.

ἰννοέω : ἰν, νοέω ; νόος *mind*, ἰννοήσω, ἰννενόηκα, ἰννενόημαι. understand 559. meditate 330.

ἰξεύγνυμι : ἰν *in*, ξεύγνυμι *join* ; (ζύγον). ἰνζεύξω, ἰνέζευχα, ἰνέζευγμαι. fasten, bind, 718.

ἰνοπλος -ον : ἰν *in.* ὅπλα *arms.* armed 469.

ἰννοος -ους, οον -ουν : ἰν *in*, νοῦς *mind.* in one's senses 916.

ἐντρέπω : ἐν in, τρέπω turn. ἐντρέψω, ἐντέτροπα, ἐντέτραμμαι revolve. mid. am concerned for 1226. heed 724. 1056.

ἐξαγγέλλω : ἐξ out, ἀγγέλλω tell. ἐξαγγελῶ, ἐξήγγελκα, ἐξήγγελμαι declare.

ἐξαιρέω : ἐξ out, αἱρέω take, ἐξαιρήσω, ἐξήρηκα, ἐξήρημαι, 2 aor. ἐξεῖλον detract, subvert 908.

ἐξαιτέω : ἐξ out, αἰτέω ask. ἐξαιτήσω, ἐξήτηκα, ἐξήτημαι demand.

ἐξάλλομαι : ἐξ out, ἄλλομαι leap ; ἅλς sea. ἐξαλοῦμαι ἐξῆλμαι leap out, escape 1311.

ἐξανύω : ἐξ out, ἀνύω perform. ἐξανύσω, ἐξήνυκα, ἐξήνυμαι accomplish 157.

ἐξεγείρω : ἐξ out ἐγείρω raise. ἐξεγερῶ, ἐξεγήγερκα, ἐξεγήγερμαι rouse, awaken 65.

ἐξειδέω (not used in pr. t.) : ἐξ thoroughly, εἰδέω know ἐξείσομαι, ἔξοιδα perf. 105. part. ἐξειδὼς 37. from εἴδημι, comes εἰδῶ subj. εἰδείην, εἰδέναι. know (thoroughly).

ἐξελέγχω : ἐξ out, ἐλέγχω prove, ἐξελέγξω, ἐξήλεγχα, ἐξήλεγμαι. convict, bring to light, 297.

ἐξενέπω : ἐξ, ἐν, ἔπω say. 2 aor. ἐξενεῖπον. Brunk conjectures this word 329.

ἐξέπω : ἐξ out, ἔπω speak. 2 aor. ἐξεῖπον declare 748.

ἐξερευνάω : ἐξ out, ἐρευνάω search. ἐξερευνήσω, ἐξηρεύνηκα, ἐξηρεύνημαι. investigate, search thoroughly 258.

ἐξερέω ; ἐξ out, ἐρέω tell. ἐξερήσω c. ἐξερῶ, ἐξερήσομαι -οῦμαι, ἐξείρηκα, ἐξείρημαι declare, active 335. 800. 936. enquire, middle 219.

ἐξέρχομαι : ἐξ out, ἔρχομαι come ἐξελεύσομαι, ἐξῆλθον come out, turn out 88. elapse 735.

ἔξεστι impers. it is lawful 818.

ἐξευρίσκω : ἐξ out, εὑρίσκω find. ἐξευρήσω, ἐξεύρηκα, ἐξεύρημαι find out, discover 304. give a clue 120.

ἐξεύρημα, -τος , ἐξευρίσκω, invention 378.

ἐξικετεύω : ἐξ from, ἱκετεύω ; ἱκέτης suppliant. ἐξικετεύσω, ἐξικέ-τευκα beseech 760.

ἐξικνέομαι : ἐξ out, ἱκνέομαι come. ἐξίξομαι, ἐξῖγμαι come out,— happen 1182.

ἐξισόω : ἐξ out, ἰσόω ; ἴσος equal. ἐξισώσω, ἐξίσωκα make equal, put on equality 1507. neut. to befal equally 425.

ἐξισωτέος -ον ; ἐξισόω : to be put on equality, to be equally allowed 408.

ἔξω ; ἐξ out, without (gen.) 531.

ἑορτὴ -ῆς ; ὄρω rouse, wake, festival 1490.

ἐπαίρω : ἐπὶ to, αἴρω raise, ἐπαρῶ, ἔπηρα 1 aor. ἐπῆρκα, ἐπῆρμαι. excite 635. 1338.

ἐπαισθάνομαι : ἐπὶ to, αἰσθάνομαι perceive, ἐπαισθήσομαι, ἐπήσ-θημαι, ἐπησθόμην 2 aor. observe, perceive 424.

ἐπαισχύνομαι : ἐπὶ at, αἰσχύνομαι am ashamed. ἐπαισχυνοῦμαι, ἐπήσχυμμαι am ashamed 635.

ἐπαιτιάομαι : ἐπὶ to, αἰτιάομαι charge. ἐπαιτιάσομαι, ἐπῃτίαμαι impute, accuse 645.

ἐπακούω : ἐπὶ to, ἀκούω hear. ἐπακούσω, ἐπακήκοα listen 708. hear 794.

ἐπαξίως ; ἐπάξιος worthy. worthily, meritoriously 133.

ἔπαυλος -ου : ἐπὶ to, αὐλὴ a fold, a stall 1138. neuter in the pl.

ἐπιβουλεύω : ἐπὶ to, βουλεύω consult, ἐπιβουλεύσω, ἐπιβεβούλευκα, ἐπιβεβούλευμαι plan against 618.

ἐπιπόδιος -α -ον : ἐπὶ, ποῦς foot, fastened to the foot 1350.

ἐπεὶ since. else 390, 433. ἐπείπερ since 1003.

ἔπειμι : ἐπὶ to, εἶμι go. ἐπείσομαι go to, ἐπιὼν 392 chance.

ἐπιθρώσκω : ἐπὶ upon, ἐν in, θρώσκω leap. rush upon 469.

ἐπεύχομαι ; ἐπὶ to, εὔχομαι pray. ἐπεύξομαι, ἐπηῦγμαι implore 249.

ἐπὶ at (dat.) 21. (gen.) 1049. (acc. sign. time) 199. to (acc.) 265. (dat.) 507. in the case of (dat.) 829. ἐπὶ οἷς 1517 on what conditions.

ἐπίδημος -ον : ἐπὶ to, δῆμος people. popular 494.

D

ἐπίηρος -ον : ἐπὶ to, ἐράω love. gratifying 1095.

ἐπιθυμίαμα -τος ; ἐπιθυμιάω : ἐπὶ upon, θυμιάω ; θῦμα ; θύω burn perfume. burnt-offering 912.

ἐπίκαιρος -ον : ἐπὶ to, καιρὸς fit time. seasonable 875.

ἐπίκλημα, -ατος ; ἐπικαλίω : ἐπὶ to, καλίω call. charge 529.

ἐπίκουρος -ον : ἐπὶ to, κοῦρος young man. auxiliary 496.

ἐπιπίλω, ἐπιπίλομαι : ἐπὶ, πίλω am. invade 1312 part. mid. pr. ι being dropped.

ἐπίπολος -ου : ἐπὶ on, πολίω am employed. attendant 1321.

ἐπιῤῥήγνυμι : ἐπὶ to, ῥήγνῦμι, ῥήσσω ; ῥήγω break. ἐπιῤῥήξω, ἐπίῤῥηχα, ἐπίῤῥηγμαι dash to, shut to 1243.

ἐπισκήπτω : ἐπὶ to, σκήπτω lean. ἐπισκήψω enjoin 252. 1446.

ἐπισκοπίω ; ἐπίσκοπος :'ἐπὶ to, σκίπτομαι see. ἐπισκοπήσω, ἐπισκό- πηκα, ἐπισκόπημαι look to 1529.

ἐπίσταμαι (mid. of ἐφίστημι, retaining Ionic form.) Imper. ἠπιστάμην, ἐπιστήσομαι, know 284. 589. Imp. ἐπίστω c. for ἐπιστάσω 658.

ἐπιστατίω ; ἐπιστάτης president : ἐπὶ to, ἵστημι set. ἐπιστατήσω, ἐπιστάτηκα I tend 1028.

ἐπιστίλλω : ἐπὶ to, στίλλω send. ἐπιστιλῶ, ἐπίσταλκα, ἐπίστολα mid. ἐπίσταλμαι, ἐπίσταλον 2 aor. entrust to, enjoin 106.

ἐπιστήμη -ης ; ἐπίσταμαι, know. knowledge 1115.

ἐπιστοναχίω : ἐπι to στοναχίω ; στοναχὴ ; στόνος groan. ἐπιστονα- χήσω, groan, lament over 185.

ἐπιστροφὴ -ης ; ἐπιστρέφω : ἐπὶ to, στρέφω turn. application (of mind to any thing, hence) care, trouble 134.

ἐπιχώριος -α -ον : ἐπὶ to, χώρα country. indigenous, native 939. 1047.

ἐποικτίρω : ἐπὶ to, οἰκτιρὼ ; οἶκτος pity. ἐποικτιρῶ and -οκτιρήσω pity 670. 1473.

ἐποικτίζω : ἐπὶ on, οἰκτίζω ; οἶκτος pity. ἐποικτίσω, ἐπώκτικα, ἐπώκ- τισμαι commiserate 1297.

ἕπομαι, ἐιπόμην imp. ἐσπόμην 2 aor. ἕψομαι, follow 471.

ἔπος -εος speech, word 89. 296. statement 234.

ἐπόψιμος -ον : ἐπὶ to, ὄπτομαι see. to be beheld 1312.

ἔπω 2 aor. εἶπον. imp. εἰπὲ 390. perf. εἶπα, say, speak, suggest.

ἐπώνυμος -ον : ἐπὶ to, ὄνομα name. named from 210.

ἐργάζομαι ; ἔργον work, ἐργάσομαι, εἴργασμαι do, perform 279. 347.

ἐραστὴς -οῦ ; ἐράω love. lover 601.

ἐργάτης -ου ; ἔργον work. labourer 859.

ἔργον, ου work, deed, 538.

ἔργω = εἴργω, εἴρξω, εἴρχα, εἴργμαι, prohibit. mid. abstain 890.

ἔρευνα -ας search, investigation 566.

ἔρω, ἐρέω, ἐρῶ fut. εἴρηκα, εἴρημαι, ἐρρήθην ; (ῥέω) 1 aor. tell, speak
   276. 543. 748. ἐρέομαι, ἐρήσομαι mid, enquire 748. 1166.

‡ ἔρρω, ἐρρήσω, perish 560. 910.

ἔρχομαι, (ἐλεύθω) ἐλεύσομαι, ἐλήλυθα, ἦλθον 2 aor. come, become
   1358 as " venio" in Horace I Od. 19. 16.

ἐσθλὸς -ὴ -ὸν good, favourable.

Ἔσπερος -ου ; ἕσπομαι follow. The star which follows sunset.
   Hesperus. 178 Θεὸς Ἕσπ. the God Hesperus—Pluto.

ἑστία -ας hearth, altar 965.

ἔσω ; ἐς to, within 461.

ἔτης -ου friend. ω τὰν 1145 my friend, for voc. ὦ ἔτα.

ἕτοιμος -η -ον, ready.

ἔρημος -η -ον and ἔρημος -ον. desert, destitute 57. 1509.

ἔτι any longer 24.

εὖ well.

εὐαγὴς -ὲς : εὖ well, ἄγος pollution. propitious 921.

εὐδαιμονία -ας ; εὐδαίμων : εὖ well, δαίμων fortune. felicity, good
   fortune 1190.

εὕδω εὑδήσω, ηὕδηκα sleep 64.

εὐθὺς -εῖα -ὺ straight 1242.

Εὔιος -ον : εὐοῖ Evoë, shout in honor of Bacchus. Evian 211.

εὐκλεὴς -ὲς : εὖ well, κλέος glory. famous, celebrated 161.

D 2

εgπω

εὐλαβέομαι ; εὐλαβὴς *cautious* : εὖ *well*, (λήβω) *take*. εὐλαβήσομαι, ἠυλάβημαι, provide, am cautious 616.

εὐνάζω ; εὐνὴ *bed*. εὐνάσω, ἤυνᾰκα, ἤυνασμαι, put to rest 961.

εὐνὴ -ῆς bed 1249.

εὔνοος c. ους, οον c. ουν : εὖ *well*, νόος *mind*. with good intent 1066.

εὐπετεία -ας ; εὐπετὴς *easy* : εὖ *well*, (πίτω) *fall*. good-nature 982.

εὐπλόια -ας : εὖ *well*, πλέω *sail*. favorable voyage 423.

εὔπτερος -ον : εὖ *well*, πτέρον *wing*. well winged, fleet 176.

εὑρίσκω ; (εὑρέω), εὑρήσω, εὕρηκα, εὕρημαι, 2 aor. εὗρον find 440.

εὕρημα -τος ; εὑρίσκω *find*. foundling 1107.

εὐσεβῶς ; εὐσεβὴς : εὖ *well*, σέβω *worship*. venerable.

εὐτυχέω ; εὐτυχὴς *fortunate*, εὐτυχήσω am fortunate.

εὐτυχὴς -ὴς : εὐ *well*, τυχὴ *fortune*. fortunate. '

εὐτυχῶς ; εὐτυχὴς fortunately 997.

εὐχὴ -ῆς ; εὔχομαι *pray*. prayer 239.

εὐὼψ -ῶπος : εὐ *well*. ὤψ *eye*. fair-eyed, comely 188.

ἐφέστιος -ον : ἐπὶ *by*. ἑστία *hearth*. by the hearth *or* altar 32.

ἐφίημι : ἐπὶ *to*, ἵημι *send*. ἐφήσω, ἐφεῖκα, ἐφεῖμαι. send to. *mid*.
    ἐφίεμαι set myself on, desire 766. 1055.

ἐφίμερος -ον : ἐπὶ, ἵμερος *desire* ; ἵεμαι *long*. desirable 375.

ἐφίστημι : ἐπὶ *upon*, ἵστημι *place*. ἐπιστήσω, ἐφέστηκα, ἐφίσταμαι,
    ἐπίστην 2 aor. place upon *tr.* stand over, befall *intr.* 777.

ἐφυμνέω : ἐπὶ, ὑμνέω ; ὕμνος *a chaunt*, ἐφυμνήσω, ἐφύμνηκα sing
    upon. moan 1275.

ἔχω, ἕξω, (σχέω) σχήσω, ἔσχηκα, ἔσχημαι, εἶχον imp. ἔσχον 2 aor.
    have 835. *fol.* by *inf.* am able 277. 315. 893. *in neuter*
    sense I am 345. 1431. *mid.* cling, adhere to (*gen.*) 891.

ἐχθρὸς -ὰ ὸν ; ἔχθος *hate. whence, the comparat*. ἐχθίων, ἔχθισ-
    τος *hateful* 28. ἐχθρότερος, ἐχθρότατος 1346.

ἰώρα -ας ; ἀείρω *raise*, a suspended cord. a cord 1264.

ζάω, ζήσω (rarely occurs) *infin*. ζῆν, *partic*. ζῶν, ζῶσα, ζῶν. live
    410. 430. thrive 45.

ζώγνῦμι ; ζεύγω, ζεύξω, ἔζευχα, ἔζευγμαι, ἔζυγον 2 aor. ἐζύγην pas.
  yoke, unite 826.

Ζεὺς, Διὸς, Jove 497.

ζημία -ας loss,—injury 520.

Ζὴν -ὸς Jupiter 17.

ζητέω, ζητήσω, ἐζήτηκα, ἐζήτημαι seek 302. 450. 1112.

ζήτημα -τος ; ζητέω seek. object of search 278.

ἢ or. ἦ what! interrogatively. 367. 538. 1000.

ἥβη -ης youth, manhood 741.

ἡγεμὼν -όνος ; ἡγέομαι lead. leader, ruler 104. charioteer 804.

ἤδη now—in this case 462.

ἡδυεπὴς -ὶς : ἡδὺς sweet, ἔπω speak, sweet-speaking 151.

ἡδυπόλις -ιος : ἡδὺς, πόλις city. friendly to the city 510.

ἡδὺς -εῖα -ὺ, ἡδίων 592, ἥδιστος. sweet, agreeable. 82 the bearer of
  good tidings.

ἥδω ; ἅδω = ἀδίω please, ἥσω, ἥσομαι, ἧκα, ἧσμαι, ἥσθην, ἡσθήσο-
  μαι delight 453. 937.

ἤθεος -α -ον ; αἴθω glow. youth 17.

ἥκιστα ; ἧκα quietly. very insensibly—very little—least 1054.
  by no means 622 Latin minimè.

ἥκω, ἥξω am come, am present 86. 340. am become 1518.

ἡλίκος - η -ον of what age 15.

ἧμαρ -ατος day.

ἦμος when 1134. answering to τῆμος then.

ἢν if.

ἡνίκα when 1470.

ἦρ, ἴαρ, ἦρος spring 1137. Lat. VER.

ἡσυχάζω ; ἥσυχος quiet. ἡσυχάσω, ἡσύχακα. am quiet 820.

θᾱκέω : θᾶκος a seat. θακήσω. sit 20.

θάλαμος -ου bed chamber, chamber, repository. 195.

D 3

Θαλαμηπόλος -ον : θάλαμος *chamber.* πολέω *am employed in.* visiting a chamber 1209.

Θαλάσσιος -α -ον ; θάλασσα *sea.* marine, exposed to the sea 1411.

Θάτερον *i. e.* τὸ ἕτερον the other, the next 782. ἅτερος *i. e.* ὁ ἕτερος.

Θανάσιμος -η -ον *and* ος -ον ; θάνατος. deadly, mortal 560— supply ὁδὸν 595.

Θανατηφόρος -ον : θάνατος *death.* φέρω *bear.* deadly 181.

Θαρσέω ; θάρσος *boldness.* θαρσήσω, τεθάρσηκα, take courage 1062.
Θάσσω sit 161.

Θάσσων -ον 430 compar. of ταχὺς *swift,* superl. τάχιστος.

Θαῦμα -τος ; θεάομαι *gaze.* wonder 1132.

Θαυμάζω ; θαῦμα ; θαυμάσω, τεθαύμακα, τεθαύμασμαι wonder.

Θέαμα -τος ; θεάομαι *see.* spectacle 1295.

Θεῖος -α -ον ; Θεὸς *God.* divine 297. 910. 1235.

Θεήλατος -ον : Θεὸς *God,* ἐλάω *drive.* sent by the Deity 255. 992.

Θέλω, θελήσω wish, will.

Θεμιτὸς -ὴ -ὸν ; θέμις *justice.* lawful 993.

Θεός, οῦ God.

Θεσπιέπεια -ας : θέσπις *prophet,* ἔπος *speech,* prophetic 464.

Θέσπισμα -τος ; θεσπίζω ; θέσπις : Θεὸς *God* ἔπος *word.* oracle.

Θέσφατον -ου : Θεὸς *God,* φημὶ *say.* oracle 907. 1175.

Θεωρία -ας ; θεωρὸς *spectator* ; θεάομαι *gaze.* spectacle 1491 ἀντὶ θεωρ. *i. e.* to what exhibitions will you go, from which you will not return, having been *yourselves* the source of tragic pity rather than the *spectacle* intended to produce it.

Θεωρὸς -οῦ : Θεὸς *god.* ὥρα. *care.* one who has charge of divine rites, consulter of an oracle 114.

Θῆβαι -ῶν Thebes, city in Boeotia, built by Cadmus.

Θηβαῖος -α -ον ; Θῆβαι *Thebes,* Theban 453.

Θηράω ; θὴρ *wild beast,* θηράσω, τεθήρακα, τεθήραμαι hunt after.

Θητεία -ας ; θὴς *a hireling* ; (θέω) *place.* hire 1029.

Θιγγάνω (θίγω) θίξω, ἔθιγον touch 760. 1413.

Θνήσκω, θνήξω, τέθνηκα, ἔθανον. die.

θνητός -ή -όν ; θνήσκω. mortal 868. ··

θοάζω ; θοός quick, move quickly to, sit 1.

θρασύς -εῖα -ύ ; θράσος boldness. bold. emboldened 89.

θρέμμα -τος ; τρέφω nurse. nursling 1143.

θυγάτηρ -τρος -τρος daughter, damsel, voc. θύγατερ 159.

Θρῇκιος -α -ον ; Θρῄκη Thrace. Thracian 197.

θρόνος -ου ; throne, seat.

θῦμα -τος ; θύω sacrifice. burnt-offering, sacrifice 239.

θυμέομαι ; θυμός spirit. θυμήσομαι, rage 344.

θυμίαμα -ατος ; θυμιάω ; θύω sacrifice. burnt-sacrifice 4.

θυμός -οῦ ; θύω rush. impetuosity, rage 674. mind.

θυρῶν -ῶνος ; θύρα door. porch 1241.

ἴασις -εως ; ἰάομαι heal. remedy, cure 68.

ἰάχαιος -α -ον ; ἰαχὴ shout. shouting, uttering cries 1219.

ἴδρις -ι. ; (ἴδω) εἴδω know, skilled 1088. gen. ἴδριος.

ἱερεύς -έος : ἱερός sacred, priest 17.

Ἰήιος -α -ον ; ἰὴ an exclamation, or ; ἰάομαι heal. Healer, epith. of Apollo 1096. ἰήιοι κάμ. 176 labours attended with cries.

ἵημι ; (ἵω) send. ἥσω, ἧκα 1 aor. εἷκα, εἷμαι, ἥν 2 aor. send. mid. send myself, go 1241.

ἱκανός -ή -όν ; ἱκάνω come. at hand, prepared, sufficient 377.

ἱκετεύω ; ἱκέτης a suppliant. ἱκετεύσω, beg.

ἱκτήρ -ῆρος ; ἱκνέομαι come (as a suppliant). suppliant 186.

ἱκτήριος -α -ον ; ἱκτήρ. suppliant 3.

ἱκέτις -ιδος ; ἱκέτης, a suppliant applied to a woman 920.

ἱκνέομαι (ἵκομαι) ἵξομαι, ἵγμαι. 2 aor. ἱκόμην, subj. ἵκωμαι 76. come, arrive 432. 798.

ἱμείρω ; ἵμερος desire. desire 388. 587.

ἵνα that. in which case 1388. where 1443. (gen.) fol. by indic. verb 367. 413. 688. interrog. 947. 1311.

ἰού woe! 1183.

ἴσημι know, ἴσμιν, ἴστι, ἴσᾶσι. imper. ἴσθι for ἴσαθι, ἴστω, ἴστον, ἴστων, ἴστι, ἴστωσαι. 346. 1022.

Ἴσθμιος -α -ον ; Ἰσθμὸς. Of the Isthmus 940 meaning Corinth.

Ἰσμηνὸς -οῦ Ismenus, river of Bœotia, where Apollo had a temple, 21.

ἴσος -η -ον equal 845. in equal estimation 678 ἰν τοῖςδι in the opinion of these i. e. the chorus. ἰξ ἴσου equally.

ἰσόω ; ἴσος equal, ἰσώσω make equal 31. 581.

ἴστημι ; στάω place. στήσω tr. ἴστηκα intr. mid. ἴσταα, ἴστα, pl. ἴσταμιν, pt. ἰστὼς 565. per. pass. ἰστᾶμαι, 2 aor. ἴστην intr. make to stand, set, tr. stand, rise intr. 143,

ἱστορέω : ἴστωρ ; ἴσημι know. ἱστορήσω, ἱστόρηκα, ἱστόρημαι I inform myself.—enquire 1143:

Ἴστρος -ου Ister, the name of the Danube towards its mouth.

ἰσχύω : ἰσχὺς strength. ἰσχύσω, ἴσχυκα, am powerful 356.

ἴσχω = ἰχω have 882. 1031.

ἴσως ; ἴσος equal. equally, perhaps 937.

ἰχνύω ; ἴχνος. ἰχνύσω, ἴχνευκα trace out, investigate 221. 476.

ἴχνος -ιος footstep, trace 109.

Ἰωκάστη -ης Jocasta, sister of Creon, wife of Laius 432.

Καδμεῖος -α -ον ; Κάδμος. Of Cadmus.

Κάδμος -ου Cadmus, son of Agenor, founder of Thebes 1.

καθαρμὸς -οῦ ; καθαίρω cleanse, purification 1228.

καθήκω : κατὰ down, ἥκω am come. am convenient pt. καθήκων.

καθικνίομαι : κατὰ down, ἱκνέομαι come. καθίξομαι, καθῖγμαι 2 a. καθικόμην, come down,—strike 809.

καθίστημι : κατὰ down. ἴστημι place. καταστήσω, καθέστηκα, κάθιστα intr. 10. inf. καθιστάναι 703 nil. am. καθίσταμαι, 2 aor. καθίστην, establish tr. stand, am situated, intr.

καὶ and, also, even 87. but 1020. καὶ πῶς marks an objection, πῶς καὶ asks for additional information.

καίνω, ἔκανον 2 aor. kill 348.

καίριος -α -ον ; καιρὸς *opportunity*, opportune 631.

καιρὸς -οῦ favourable opportunity, convenience, utility 825.

κακὸς -ὴ -ὸν, evil, ill-disposed 545. ignoble 1063.

κακοῦργος -ου : κακὸς *evil*, ἔργον *work*. evil-working, artful 705.

κακῶς ; κακὸς *ill*. miserably. κάκιον, κάκιστα.

καλέω, καλέσω or καλήσω c. κλήσω, κλήσομαι f. m. κικλήσομαι p. p.
  fut. 522. κέκληκα, κέκλημαι call.

κάλλος -εος ; καλὸς *fair*. beauty.—a beauty 1396.

καλὸς -ὴ -ὸν fair, good. καλλίων ; (κάλλος) 55. κάλλιστος 315.

κάλυξ -κος ; καλύσσω = καλύπτω *cover*. husk, pod 25.

καλῶς ; καλὸς. well.—καλῶς δῆλος 1008 quite evident.

καλύπτω, καλύψω, κεκάλυφα, κεκάλυμμαι, ἐκάλυβον 2 aor. con-
  ceal 1410.

κάματος -ου ; κάμνω *labour*. labour 174.

κάρα -ατος head 24. 809 person, (*like caput in Latin*) 40.
  Οἰδίπου κάρα person of Œdipus. *i. e.* Œdipus 950.

κατὰ on (acc.) 63. κατὰ στέγας within doors 637.

καταιδέομαι : κατὰ *down*, αἰδέομαι *reverence*. καταιδέσομαι, κατή-
  δεσμαι respect 654.

καταισθάνομαι : κατὰ *thoroughly*, αἰσθάνομαι *perceive*, καταισθή-
  σομαι, κατήσθημαι, κατησθόμην 2 aor. observe, discover 422.

κατακοιμίζω : κατὰ, κοιμίζω = κοιμάω put to sleep. κατακοιμίσω,
  κατακεκοίμικα, κατακεκοίμισμαι put to rest, close 1222.

κατακτείνω : κατὰ, κτείνω *kill*. κατακτενῶ, κατέκτακα, κατέκταμαι,
  slay. 826. 843.

κατάρατος -ον ; καταράομαι : κατὰ, ἀράομαι pray. accursed 1344.

καταισχύνω : κατὰ, αἰσχύνω ; αἶσχος disgrace. καταισχυνῶ, κα-
  τήσχυγκα κατήσχυμμαι cover with shame. *mid*. blush for
  shame, reverence 1424.

κατακοιμάω : κατὰ *down*, κοιμάω *put to rest*. κατακοιμήσω, κα-
  τακεκοίμηκα, κατακεκοίμημαι lull to sleep 870.

καταμβλύω : κατὰ down, ἀμβλύω ; ἀμβλὺς blunt. καταμβλῶ͂, κατήμβλυγχα, κατήμβλυμμαι blunt 688.

κατασφάζω-σφάσσω : κατὰ down, σφάζω stab. κατασφάξω, κατέσφαχα, κατέσφαγμαι, κατέσφαγον 2 a. slay 730 pas. opt. 2 aer.

κατάφημι : κατὰ down, φημὶ say. καταφήσω, κατέφην 2 aor. affirm, assent 507 with gen.

καταφθείρω : κατὰ down, φθείρω destroy. καταφθερῶ, κατέφθαρμα ruin 331.

καταφθίω : κατὰ down. φθίω destroy. καταφθίσω, κατέφθϊκα, κατέφθϊμαι pl. p. κατιφθίμην destroy. 970. 1198.—καταφθίω intr. perish.

κατίιδω (see εἴδω) observe 338. know 225. perf. κατῶδα -εῖσθα -οῖδι, pl.—ισμιν -ιστοι -ιστι 926—ἴσασι.

κάτευγμα -τος ; κατεύχομαι. prayer 920.

κατεύχομαι : κατὰ down, εὔχομαι pray. κατεύξομαι, κατεύγμαι, imprecate 246.

κατίχω : κατὰ down, ἔχω hold. καθέξω, (σχίω) κατασχήσω, κατίσχηκα, 2 aor. κάτισχον, hold down.—restrain 782.

κατηγορίω ; κατήγορος aecuser : κατὰ against, ἀγορίω harangue ; ἀγόρα forum. κατηγορήσω, κατηγόρηκα, κατηγόρημαι accuse 514 (gen. of person accused.)

κατοικτείρω : κατὰ down, οἰκτίρω ; οἰκτος pity, κατοικτειρῶ. commiserate 12.

κατοικτίζω : κατὰ down, οἰκτίζω ; οἶκτος pity. κατοικτίσω, κατῴκτϊκα, κατῴκτισμαι. commiserate, pity 1177.

κέαρ-ατος heart, wrath 688.

κεῖθεν, ἐκεῖθεν : ἐκεῖ there, from that place 758.

κεῖμαι, κείσομαι, κεῖσθαι inf. κείμενος part. lie 1267.

κεῖνος -η -ο = ἐκεῖνος. that.

κίκλομαι ; κέλομαι, κεκλήσομαι call, invoke 159.

κέλευθος -ου fem. way. κέλευθα pl.

κελεύω, κελεύσω, κεκέλευκα, κεκέλευσμαι order.

κενὸς -ὴ -ὸν empty 55.

κενόω : κένος. κινήσω, κεκένωκα, κεκένωμαι exhaust 29.

κέντρον -ου ; (κίνω) prick. goad 809. shooting pain 1317.

κεραυνός -οῦ ; κεράω mingle. thunder, thunderbolt 202.

κερδαίνω ; κέρδος. κερδᾶνῶ, 1 aor. ἐκέρδᾱνα. κερδίω gives κερδήσω, κεκέρδηκα, κεκέρδημαι gain 889.

κέρδος, εος gain, profit 232. 888. 889.

κεύθω, κεύσω, κέκευθα lie·hid 968. 1229.

κήδευμα -ατος : κηδεύω am related. relation 85 for κηδεστής.

κηδεύω ; κῆδος care. κηδεύσω, κεκήδευκα, κεκήδευμαι care for 1324.

κήδομαι : κῆδος. care for 1061 followed by gen. case.

κηλὶς -ῖδος stain 833. 1384.

κὴρ, κηρὸς fate. αἱ κῆρες 472. the Fates.

κήρυξ -ῡκος, herald.

Κιθαιρὼν -ῶνος, Cithoeron, a mountain in Boeotia 421. 1026.

κικλήσκω = καλέω. call, invoke 210.

κινέω, κινήσω, κεκίνηκα, κεκίνημαι move.

κιχάνω, κιγχάνω, κίχημι, κιχάω, κιχήσω, ἔκιχον 2 aor. meet with, find 1258 act. opt. 2 aor.

κλάδος -ου ; κλάω break. branch 4.

κλάζω, κλάγξω, κέκλαγγα, utter a shrill voice, scream 966.

κλαίω, κλαύσω, κέκλαυκα, κέκλαυμαι weep, lament 1490. κλαίων 401. 1152 at thy cost or peril.

κλεινὸς -ὴ -όν ; κλείω celebrate. renowned 8. 1207.

κλῄζω, κλῃΐζω ; κλέος glory. κλήσω, celebrate. call 48. 733. 1071.

κλῆθρον -ου ; κλείω shut. bolt 1288. bar, door-post 1262.

κλίνω, κλῐνῶ, κέκλῐκα, κέκλιμαι bend, break 1262.

κλύδων -ος ; κλύζω dash. wave, tide 1527. 197.

κλυτὸς -ὴ -όν ; κλύω hear. renowned 172.

κλύω, κλῦμι, ἔκλυον imperf. hear 429.

κνίζω ; κνάω grate. κνίσω, ἔκνῐκα, ἔκνισμαι nettle 785.

κοῖλος -η -ον hollow 1262.

κοινὸς -ὴ -όν common. in common, partner 240. κοινῶν παίδων κοινὰ 261 = κοινοὶ παῖδις i. e. brothers. So in Virgil, strata viarum = stratae viae.

κολάζω, κολάσω, κικόλᾶκα, κικόλασμαι rebuke 1147.

κολαστὴς -οῦ ; κολάζω, a rebuker, reprover 1148.

κόμη -ης, hair 1243.

κομίζω, κομίσω, attic κομῶ, κικόμικα, κικόμισμαι, bear, conduct 444. 674. mid. receive 580.

κόρα -ας, damsel, virgin, applied to the Sphinx 509.

Κόρινθος -ου. fem. Corinth, joining Attica to Peloponesus, 935.

κράς -κρᾶτὸς head 262.

κράτος strength, power, κρατίων, κράτιστος most powerful, sovereign 40 fol. by dat. case.

κρατέω ; κράτος. κρατήσω, κικράτηκα, κικράτημαι, rule 54. carry one's point 1523. have power 402. get possession 1107.

κρατύνω ; κράτος strength. κρατύνῶ rule 14. 903.

κρείσσων -ον ; κράτος. stronger, surpassing 177. beyond 1373. κρ. ἀγχόης beyond hanging, i. e. deserving a worse punishment.

κριμαστὸς -οῦ m. and f. ; κρεμάω hang. suspended 1263.

Κρεόντειος -α -ον ; Κρέων, of Creon. 400.

Κρέων -οντος. Creon. son of Menœcius, brother of Jocasta.

κρίνω ; κρῖ barley. κρινῶ, κίκρϊκα, κίκρϊμαι. separate (barley from the chaff,) judge 34. 829.

κρίσις -ιως ; κρίνω distinguish, decision, judgment 502.

κτείνω, κτενῶ, ἔκτακα, ἔκταμαι, ἔκτανον 2 aor. kill 277. 307.

κτῆμα -ατος ; κτάομαι acquire. possession, acquisition 549.

κυβερνήτης -οῦ ; κυβερνάω I pilot. pilot, helmsman 923.

κυκλόεις -εσσα -εν ; κύκλος a circle, circular 161.

κύκλος -ου, circle, orb, hence, eye 1270.

Κυλλήνη -ης. Cyllene in Arcadia, birth-place of Mercury, 1104.

κυρέω, κύρω, κυρήσω and κύρσω, κικύρηκα, hit upon. tr. 398. happen intr. 259. 985. am 362.

κύριος -α -ον : κῦρος authority. proper, peculiar 1453.

κύων, κυνὸς m. and f. dog. monster. used reproachfully 391.

κωφὸς -ὴ ὸν ; κόπτω beat. obtuse, deaf, or dumb. futile 290.

λαβδάκειος ·α -ον ; Λάβδακος. of Labdacus 266.

λαβδακίδης -ου ; Λάβδακος. descendant of Labdacus 489.

Λάβδακος -ου. Labdacus 234. *father of Laius.*

λαγχάνω (λήχω) λήξομαι, εἴληχα, λέλογχα p. m. εἴληγμαι, ἴλαχον
  obtain (*by lot*) 1366. *see* Matth. Gr. Gr. § 241.

λάθρα ; λήθω *lie hid.* secretly 38. 618.788 *fol. by gen. lat.*"clam."

Λαΐειος -α -ον ; Λάϊος of Laius 451. 1217.

Λάϊος -ου Läius 104. *father of Œdipus, husband of Jocasta.*

λαμβάνω (λήβω) λήψομαι, εἴληφα, εἴλημμαι, ἴλαβον, take, receive.
  find 461. 643. 1031. include 276.

λαμπρὸς -ὰ -ὸν ; λάμπω shine. bright 81. 1483.

λάμπω, λάμψω, λέλαμφα shine.—sound clearly 187. 472.

λανθάνω (λήθω) λήσω, λέληθα, λέλησμαι, ἴλαθον lie hid, escape
  notice 247. 366. 904. 1325. mid. forget.

λαὸς -οῦ people. attic λιὼς.

λέγω, λέξω, λέλογα, λέλεγμαι. say 39. 1475 λέγω τι ; Am I right ?

λείπω, λείψω, λέλιφα, λέλοιπα, λέλειμμαι, ἐλείφθην, ἴλιπον leave
  1418. fail, am wanting 1232.

λεκτὸς -ὴ -ὸν ; λέγω choose. chosen 19.

λέκτρον -ου ; λέγω collect. couch (*of collected leaves*) marriage-
  bed 260.

λευκανθὴς -ὲς : λευκὸς *white,* ἄνθος *flower.* white-blossoming,
  hoary 741.

λεύσσω, see, look 1254.

λέχος -εος, couch, marriage-connexion 821.

λήγω, λήξω, λέληχα, λέληγμαι, cease 731.

λήθη -ης forgetfulness 870.

ληστὴς -οῦ ; λῃίζω spoil ; λεία booty. robber 535. 716.

λιμὴν -ένος ; (λίω) smoothe. harbour 420. 1208.

λιπαρέω ; λιπαρὴς earnest ; λίπτω long for. λιπαρήσω, λελιπάρηκα
  earnestly beg 1435.

λίσσομαι beseech 650. 1064.

E

λογίζω ; λόγος *account.* λογίσω, λελόγικα, λελόγισμαι count. *mid.* reason, reflect 461.

λόγος -ου ; λέγω. speech, description 1041. λόγῳ 450 in name.

λοιμὸς -οῦ plague, pestilence 28.

λοιπὸς -ὴ -ὸν ; λείπω *leave.* rest, τὸ λοιπὸν for the future 795. 1273.

Λοξίας -ου ; λόξος *oblique.* Loxias 410. 1102. *name of Apollo, from his indirect responses.*

λοχίτης -ου ; λόχος *troop for ambuscade;* (λίχω) *lie.* trooper 751.

λυγρὸς -ὰ -ὸν ; λύζω *sob.* mournful 185.

Λύκειος -α -ον ; λύκος *wolf.* Lycean 203. 919. 208. *epithet of Apollo, from killing wolves. See Electra Soph. 6.*

λυπέω ; λύπη. λυπήσω, λελύπηκα, λελύπημαι grieve 1231.

λύπη -ης, grief 915.

λύσις -εως ; λύω *loose,* release 921.

λύω, λύσω, λέλυκα, λέλυμαι loose, unravel 407. pay (*off*) 101. interrupt 880. τέλη λύει 316 = λυσιτελεῖ profits.

λυσσάω ; λύσσα *madness.* λυσσήσω, rage 1258.

λώων -ον : λῶ *I wish.* better 1039. λῷστος *superl.* best 1066.

μάγος -ου, a magician, 387.

μαινὰς -άδος : μαίνομαι *rage.* Bacchanal 212.

μακαρίζω ; μάκαρ *happy.* μακαρίσω, μεμακάρικα, μεμακάρισμαι congratulate, call happy 1195.

μάκιστος -η -ον ; μῆκος *length.* greatest. 1301. comp. μάσσων.

μακραίων -ωνος : μακρός, αἰων *life.* long-lived 1099. prolonged 517.

μακρὸς -ὰ -ὸν ; μᾶκος *Dor. for* μῆκος *length.* long 16. 220 ἐδὸν omitted.

μαλερὸς -ὰ -ὸν ; μαλὸς *soft.* burning, consuming 190.

μάλα, μᾶλλον, μάλιστα most. 45 μά. ζώσας thriving most.— most certainly 993.

μανθάνω (μαθίω) μαθήσω, μεμάθηκα, μεμάθημαι, ἔμαθον learn.

μανία -ας ; μαίνομαι *am mad.* madness 1300.

μαντεία -ας ; μάντις *prophet.* divination 394. 857.

μαντεῖον -ου ; μάντις *a prophet.* prophecy, oracle 243.

μάντευμα -τος ; μαντεύω ; μάντις. prophecy, oracle 946.

μαντικός -ὴ -ὸν ; μάντις. prophetic 311. 462 τίχνη *to be supplied.*

μαντεῖος -α -ον ; μάντις. prophetic 21.

μάντις -εως ; μαίνομαι *am frantic.* prophet, seer 298. 500.

μαραίνω, μαρᾶῶ, μεμάραγκα, μεμάραμμαι and -ασμαι, ἐμαράνθην parch up. extinguish 1328.

μαρτυρέω ; μάρτυς *a witness,* μαρτυρήσω, μεμαρτύρηκα, μεμαρτύρη-μαι bear witness 1034.

ματάζω ; μάτην *in vain.* ματάσω, act inconsiderately 891.

ματεύω ; μάω *desire,* ματεύσω, μεμάτευκα, μεμάτευμαι desire.

μάτην in vain 365. at random 609. injuriously 874.

μέγας -άλη -α great. acc. μέγαν 441 magnanimous. *comp.* μείζων acc. μείζονα -οα -μείζω 764. *sup.* μέγιστος 521.

μέθη -ης ; μέθυ *strong drink.* intoxication 779.

μεθίημι : μετὰ *implying change,* ἵημι; ἴω *send.* μεθήσω, μεθεῖκα, μεθεῖμαι, remit.—utter 784. omit, abandon 131.

μέλας - αῖνα -αν black, dark.

μέλεος -α -ον wretched 479.

μέλει, μελήσει, μέμηλε is a care 443. μέλομαι, μελήσομαι, μεμέλη-μαι care for (*gen.*) 1466.

μέλλω, μελλήσω, μεμέλληκα delay 678. am about, destined 967.

μέμφομαι, μέμψομαι, μέμομφα blame 506.

Μενοικεὺς -έως Menœceus, *father of Creon and Jocasta.*

μένω, μενῶ, μεμένηκα, μέμονα wait 437. remain 205.

μέριμνα -ης ; μείρω *divide.* distracting care, solicitude 728. 1460.

μεριμνάω ; μέριμνα. μεριμνήσω, μεμερίμνηκα. am concerned 1124.

Μερόπη -ης Merope 990 *reputed mother of Œdipus.*

μέρος -εος ; μείρω *divide.* part, portion 294. 1509.

μεσόμφαλος -ον : μέσος *middle,* ὀμφαλὸς *navel.* central 480.

μετὰ with (*gen.*) 247. 414. μεθ᾽ ἧς 632, by whose aid.

μέτειμι : μετὰ *with*, εἰμὶ *am*, am with. κα. πολ. μέτεστι 630 I also
have an interest in the city, *supply* μέρος.

μετέχω ; μετὰ, ἴχω *have.* μιθίξω, 2 *aor.* μέτεσχον share 1465.

μέτοικος -ου : μετὰ *implying change*, οἶκος *dwelling.* sojourner 452.

μετρέω ; μέτρον *measure.* μετρήσω, μεμέτρηκα, μεμέτρημαι, ἐμετρή-
Θην, measure, calculate 561.

μηδαμῶς ; μηδεὶς *no one.* by no means 49. 1522.

μηδὲ : μὴ *not*, δὶ *and.* neither.—not even 1057.

μηδεὶς -εμία -ὶν : μηδὲ *not even*, εἶς *one.* no one 396.

μὴν, μηνὸς moon 1082 *where* μοῖραι *has been proposed.* συγγενεῖς
μῆνες *lit.* kindred moons, i. e. *the moons or planets under
which a man is born.*

μῆνις -ιος -ιδος ; μαίνω *madden.* wrath 699.

μηνύω, μηνύσω, μεμήνυκα, μεμήνυμαι point out.

μητήρ -έρος -τρὸς mother 1082.

μηχανορράφος -ον : μηχανὴ *contrivance*, ράπτω *sew.* scheming 387.

μίασμα -ατος ; μιαίνω *pollute.* pollution 242. 312. 1012.

μιάστωρ -ορος ; μιαίνω *pollute.* polluter 353.

μίγνυμι ; (μίγω) μίξω, μέμιχα, μέμιγμαι, ἐμίχθην ἔμιγον 2 *aor.*
ἐμίγην *pass.* I mix, *act.* have intercourse with, *pass.* 791. 995.

μνάω ; μένος *mind.* μνήσω, μέμνηκα, μέμνημαι remind *act.* remem-
ber *pass.* 1057. 49 p. *subj. perf.* make mention of 565 *mid.*

μνήμη -ης ; μνάω *remind.* memory 1131. 1239. 1317.

μοῖρα -ας ; μείρω *divide.* share, fate 376. 713. good fortune 864.

μολέω (μόλω) ἔμολον 2 *aor.* come 35. 396. 946.

μόνιμος -η -ον ; μόνος ; μένω *remain.* remaining 1322.

μόνος -η -ον ; μένω *remain.* only, alone, μοῦνος 1418.

μυδάω, μυδήσω, μεμύδηκα, am moist, liquid 1278.

μύσος -εος ; μύω *shut.* abomination, pollution.

μωρία -ας ; μῶρος *foolish.* folly.

μῶρος -α -ον foolish 433. 437.

ναιχί ; ναι *yea.* yes 685.

ναίω dwell, abide 338. 414. 1451.

ναὸς -οῦ ; νάω *inhabit.* temple 21.

νάπαιος -α -ον ; νάπη *a woody valley.* woody 1026.

νάπη -ης, ravine 1398.

ναῦς, νέως, *acc.* ναῦν a ship 923.

νᾶχος -εος strife, quarrel, 490.

νέμω, νεμῶ, νενέμηκα, νένομα *p. mid.* νενέμημαι distribute, dispense 201. 240. direct 237. 579. consider 1080.

νέος -α -ω young 1. new 165.

νέρθι below 416.

νέφος -εος, cloud 1313.

νηλὴς -ὲς : νη *not,* ἔλεος *pity.* unpitied. *used adverbially* 180.

νήπιος -α -ον, and -ος -ον : νη *not,* ἔπω *speak.* infant.—foolish 653.

νιν (enclitic.) *used in acc. for* αὐτὸν 123, -ὴν, -ὸ. *and the pl.* 1333.

νίπτω, νίψω, νένιφα wash *hands or feet.*—wash 1228.

νιφόεις -όεσσα -εν ; νίφος *snow.* snowy 473.

νοέω ; νόος *mind.* νοήσω, νενόηκα, νενόημαι understand, am acquainted with 1054. *mid.* reflect on 1487.

νομὰς -άδος ; νέμω. pastoral.—exposed in the woods 1350, *where Elmsley reads* νομάδα.

νομεὺς -έως : νέμω. shepherd 1117.

νομὴ -ῆς ; νέμω. feeding, pasture 761.

νομίζω ; νόμος. νομίσω, νενόμικα, νενόμισμαι consider 39. 515. 859.

νόος, νοῦς, νόου, νοῦ ; νέω *spin. quia glomerat, cogit, cogitat.* mind.

νοσέω ; νόσος. νοσήσω, νενόσηκα. am afflicted, distressed 1061.

νόσημα -ατος ; νοσέω. disease. ailment 307. 1294.

νοσφίζω ; νόσφι *apart.* νοσφίσω νενόσφικα, νενόσφισμαι separate. *mid.* separate myself, desert 693.

νύμφευμα -τος ; νυμφεύω *marry* ; νύμφη *bride.* marriage 980.

νύμφη -ης ; (νύω) *veil.* a bride.—a nymph 1107.

νυμφίος -ου ; νύμφη. bridegroom, husband 1358.

νυμφικὸς -ὴ -ὸν ; νύμφη. bridal 1243.

— νῦν now, *adv.* νυν *enclitic*, therefore. ὁ νῦν the present.

νύξ -κτὸς night.

νωμάω ; νέμω *rule*, νωμήσω, νενώμηκα, νενώμημαι distribute, move 468.–revolve, investigate 300.

νωτίζω ; νῶτος *back.* νωτίσω, νενώτικα turn the back, flee 193, δὸς *to be supplied.*

ξένος -η -ον. strange, foreign 813. 452.

ξύμμιτρέω ; ξύμμιτρος. ξυμμιτρήσω, compare 73. τῷ μακ. ξυμ. χρ. 963 co-eval with long time, *i. e.* advanced in years.

ξύμμιτρος -ον : ξύν *with*, μίτρον *measure.* compared with 1113. convenient 84, ξύμ. ὥστι κλύειν, within hearing.

ξύμπας -ασα -αν : ξὺν *with*, πᾶς *all.* all together 752.

ξύμφημι : ξὺν *with*, φημὶ *say.* ξυμφήσω, ξυνέφην agree 553. 642.

ξυμφόρα -ας = συμφόρα *q. v.* event.

ξυμφυτεύω : ξὺν *with*, φυτεύω ; φυτὸν *plant* ; φύω *produce.* ξυμφύτευσω, ξυμπιφύτευκα, ξυμπιφιύτευμαι, plant together.—assist in doing, abet 347.

ξὺν with (*dat.*)

ξυναλλαγὴ -ῆς ; ξυναλλάσσω *change.* interchange.—intervention 34. 960.

ξυλλαμβάνω : ξὺν, λαμβάνω *take* ; (λῆβω) ξυλλήψομαι, ξυνείληφα, ξυνείλημμαι ξυνέλαβον 2 aor. take with 971.

ξυνᾴδω : ξὺν *with.* ᾄδω *sing.* ξυνᾴσω, ξυνῆκα, ξυνῇσομαι sing in concert,—correspond 1113.

ξυναλλάσσω : ξὺν *with*, ἀλλάσσω *change.* ξυναλλάξω, ξυνήλλαχα, ξυνήλλαγμαι. interchange, have intercourse with 1110. 1130.

ξυναντιάζω : ξὺν, ἀντιάζω *confront.* ξυναντιάσω, ξυναντίακα meet.

ξύναυλος -ον : ξὺν *with*, αὐλὴ *court.* conversant 1126.

ξυνειδέω : ξὺν, ειδέω *know.* ξυνείσομαι, ξυνοῖδα am conscious 250. 330. am witness 704.

ξύνειμι : ξὺν *with*, εἰμὶ *am.* ξυνέσομαι am with 276. 457. am involved 303.

ξυνέπομαι : ξὺν with, ἕπομαι follow, ξυνισπόμην 2 aor, follow
    after 1125. 1523.

ξυνέρχομαι : ξὺν with, ἔρχομαι come. (ἐλεύθω) ξυνελεύσομαι, ξυν-
    ελήλυθα, ξυνῆλθον meet with 573.

ξυνέστιος -ον : ξὺν with, ἑστία hearth. inmate 249.

ξυνετὸς -η -ον ; ξυνίημι understand. wise 499.

ξυνευνάζω : ξὺν with, ἐυνάζω put to rest ; ἐυνὴ bed. ξυνευνάσω
    make to sleep with tr. sleep with intr. 982.

ξυνίημι : ξὺν, ἵημι send ; (ἵω). ξυνήσω, ξυνῖκα, ξυνεῖμαι, ξύνην 2 a.
    send with.—comprehend 360. know 346. 628. 988.

ξυννεύω : ξὺν, νεύω nod. ξυννεύσω, ξυννένυκα consent 1510.

ξυνοικέω : ξὺν with, οἰκέω ; οἶκος house, ξυνοικήσω, ξυνῴκηκα dwell
    together 57.

ξύνοικος -ον : ξὺν with, οἶκος house. conversant' 1206.

ξυντίθημι : ξὺν, τίθημι ; θέω place. ξυνθήσω, ξυντέθεικα ξυντέθειμαι,
    ξυνέθηκα 1 a. ξυνέθην 2 a. put together, contrive 401.

ὁ, ἡ, τὸ the. fol. by gen. the son of 489. τῷ 511 wherefore.
    τῆς 1082 of her, for ταύτης.

ὅδε, ἥδε, τόδε : ὁ, δὶ. this 17. τοῦδε ἀνδρὸς myself, δειχτικῶς 534.
    815. 829. 1018. 1136.

ὁδοιπορέω ; ὁδοιπόρος. ὁδοιπορήσω, ὡδοιπόρηκα journey 801. 1027.

ὁδοιπόρος -ου : ὁδὸς, πόρος ; πείρω pass. wayfaring man 292.

ὁδὸς -οῦ, way, course, 66.—1478 going, (to fetch my children.)

ὀδύρομαι, δύρομαι, ὀδυροῦμαι, ὡδύρμαι lament.

Οἰδίπους -οδος -όδα Doric, -ου : οἰδέω swell, πούς foot. Œdipus
    495 κατὰ omitted.

οἰκεῖος -α -ον ; οἶκος house, domestic.—one's own 1163.

οἰκέτης -ου ;. οἶκος house. domestic 1114.

οἰκεὺς -έως ; οἶκος house. domestic 756.

οἰκέω ; οἶκος. οἰκήσω, ᾤκηκα ᾤκημαι dwell 414. 990.

οἰκητὴς -οῦ ; οἰκέω. inhabitant 1450.

οἶκος -ου house.

οἰκτρὸς -ὰ -ὸν ; οἶκτος *pity.* pitiable, worthy of pity 1461.

οἶνωψ -ωπος : οἶνος *wine,* ὤψ *countenance.* ruddy 211.

οἰόζωνος -ον : οἶος *alone,* (ζώω) *equip.* unattended 846.

οἶος -α -ον *such as* (*relat. to* τοῖος) οἶός τι, οἶάτι, οἶόν τι, able 24.

οἰόσπερ -απερ -όνπερ : οἶος, περ. *such as,* οἶάπερ 403 how, *n. pl. acc.*

οἴστρημα -τος : οἰστρέω *prick* ; οἶστρος *gadfly.* sting 1318.

οἰωνοθέτης -ου : οἰωνὸς *bird,* (θέω) *dispose.* augur 484.

οἰωνὸς -οῦ ; οἶος *solitary,* a bird (*of prey*) 310. 395.

ὀκνέω ; ὄκνος *delay.* ὀκνήσω, ὤκνηκα, hesitate 746. 922. fear 976.

ὀκνηρὸς -ὰ -ὸν ; ὀκνέω *hesitate.* timid, feared *pass.* 834.

ὄκνος -ου hesitation.—fear 1175.

ὀλβίζω ; ὄλβος. ὀλβίσω felicitate, call happy 1529.

ὄλβιος -α -ον ; ὄλβος, wealthy—fortunate 929.

ὄλβος -ου wealth 1197.

ὄλεθρος -ου ; (ὀλέω) *destroy.* destruction, perdition, plague 1343.

ὄλλυμι ; ὀλέω. ὀλέσω c. ὀλῶ -εῖς -εῖ 448. ὀλοῦμαι mid. ὀλώλεκα, ὄλωλα mid. 948. 2 a. ὠλόμην, destroy, *act.* perish, *mid.* 645. 799.

ὅλος -η -ον whole 1136.

Ὀλυμπία -ας Olympia 900. *in Elis, where was a temple of Jupiter.*

Ὄλυμπος -ου Olympus, *in Thessaly,* 867. 1088 *supply* μὰ, I swear by Olympus.

ὅμαιμος -ον : ὁμός, αἷμα *blood.* of the same blood.—sister 639.

ὅμαυλος -ον : ὁμοῦ, αὐλὸς *pipe.* symphonious, in concert 187.

ὄμβρος -ου a shower 1279.

ὁμιλέω ; ὅμιλος, ὁμιλήσω associate, have intercourse with 367.

ὁμιλία ; ὅμιλος : ὁμός *same,* ἴλη band "*file.*" society 1493.

ὄμμα -ατος ; ὄπτομαι *see.* eye 371. sight.

ὁμογενὴς -ὶς : ὁμός *same,* γένος *race.* of the same family, akin 1362.

ὁμόσπορος -ον : ὁμός *same,* σπείρω *sow.* of the same stock.—the same 260. sharer of the same couch 460 = ὁμόγαμος.

ὁμόστολος -ον : ὁμός *same,* στολὴ *band.* companion 212.

ὁμοῦ : ὁμός. together 4. 337. 1007.

ὀμφαλός -οῦ, navel, centre 898.

ὁμῶς; ὁμὸς *equal.* equally 563 nevertheless. 302. 1064. 1326.

ὀνειδίζω; ὄνειδος *disgrace.* ὀνειδίσω and ὀνειδιῶ, 373. 1423. ὀνειδιοῦμαι mid. ὠνείδικα, ὠνείδισμαι reproach 372. 412.

ὄνειδος -εος, disgrace, reproach 523. 1494.

ὄνειραρ -ατος ; ὄναρ. dream 981.

ὄνημι ; ὀνάω, ὀνήσω. ὠνάμην 2 a. mid. opt. ὀναίμην 644 profit.

ὀνομάζω ; ὄνομα. ὀνομάσω, ὠνόμακα, ὠνόμασμαι name 1021. 1037.

ὅπηπερ : (ὅπος), περ. in whatever way 1458. *dat. used adv.* ὁδῷ *omitted.*

ὀπίσω ; ἕπομαι *follow.* behind, henceforward, future 488.

ὁποῖος -α -ον of which kind, which 554. ὁποῖα *neu. pl.* as 915.

ὄπτομαι, ὄψομαι, ὦμμαι, ὤφθην, ὀφθήσομαι see 795. 509.

ὅπου ; (πὸς). where, *relat.* ἐστὶ ὅπου 448 it is possible.

ὅπως : (πὸς) how, *relat.* 1251. as 979. that 548 = ὡς. when 1244. ὅπως μὴ lest, *with indic. fut.* 1075. or *subj.* 2 aor.

ὁράω, ὁράσω, ἑώρακα, ἑώραμαι see. observe.

ὄρειος -α -ον ; ὄρος. mountainous.—mountain 1028.

ὀργαίνω ; ὀργὴ *anger.* ὀργανῶ irritate 335.

ὀργίζω ; ὀργὴ *anger.* ὀργίσω, ὤργικα, ὤργισμαι, incense 339.

ὀργὴ -ῆς ; ὀρέγω *stretch.* any violent tendency.—anger 337. 524.

ὀρθὸς -ὴ -ὸν upright 50. κατ' ὀρθὸν 88 aright. δικ. ὀρθὸν 853 duly accomplished.

ὀρθόω ; ὀρθός. ὀρθώσω, ὤρθωκα, ὤρθωμαι, set right 39. 830.

ὅρμος -ου ; εἴρω *fasten.* station for ships, harbour 196.

ὄρνις -ιθος bird 176. omen 52. acc. ὄρνιν, ὄρνιθα, pl. ὄρνιθας, ὄρνις.

ὄρνυμι ; (ὄρω) ὄρσω, ὤρωρα and ὤρορα raise. mid. rush 177 *pt. mid pr. contr. for* ὀρόμενον.

ὀρούω, ὄρω excite. ὀρούσω, ὤρουκα rush *intr.* urge *tr.* 877.

ὄρος -εος. mountain 208, 719.

ὀρεσσιβάτης -ου : ὄρος *mountain,* βαίνω *go.* mountaineer 1100.

ὅς, ἥ, ὃ which.

ὅς, ἥ, ὅν = ἵος. his 1248 τοῖς οἶσιν αὑτοῦ "suis ipsius" *supply*
"liberis," *i. e.* to his own son, Œdipus.

ὅς, ὅῦ he 1257 = αὑτὸς.

ὅσος -η -ον ; ὅς *who.* as many as, who. *rel. to* τόσος *so many.*

ὅσπιρ, ἥπιρ, ὅπιρ : ὅς, πιρ. who, *relative.* ἅπιρ 176 *Dor. for* ἥπιρ
as. ὅδῳ *omitted.*

ὅστις, ἥτις, ὅτι : ὅς, τις. who, *rel.—Attic gen.* ὅτου 117. ὅτῳ
414. 419 *supply anteced.* τι.

ὅτι ; ὅς. that 1271. ὅτι ὅνικα because 572.

οὗ : ὅς *who,* where 1512.

ου, ουκ, ουχ *before an aspirate,* ουχὶ *not.* ὅντι neither, nor.

ουδαμοῦ : ουδὲ *not,* ου *termination marking place.* no where 565.

ουδεις - εμία -ὶν : ου *not,* εἷς *one.* no one. 56 ουδὲν of no value.

ουδέπω : ουδὲ *not even,* πω *yet.* not yet 16.

οὕνικα = ἵνικα on account of, (*gen.*) 447. that 708.

ουράνιος -α -ον ; ουρανος *heaven.* heavenly 301.

ουρίζω ; ουρος *favourable gale.* ουρίσω, ὅυρικα. waft favourably 697.

οὕς, ὠτὸς *neut.* ear 371. 1381.

ὅντος, αὕτη, τοῦτο this. καὶ ταῦθ᾽ 37 and this too. τοῦτο μὲν in the
first place 603.

ουτως ; ουτος *this.* thus.

οφείλω, οφειλήσω, οφείληκα, οφείλημαι, ὅφιλον 2 *aor.* owe, ought,
should, would that 1157.

οφλισκάνω ; (οφλίω) οφλήσω, ὅφληκα, owe, incur the charge of 512.

οφθαλμος -ου ; ὄπτομαι see. eye. *being the most precious organ
it means often, any person or thing dear.*—source of de-
light 987. *see* Blomfield's Persæ 173.

οχλέω ; ὅχλος a crowd. οχλήσω, ὅχληκα disturb 446.

ὅψις -εως ; ὄπτομαι see. seeing, sight 1238. 1328. 1375.

πᾶ *doric for* πῆ ; (πὸς). by what way, where 1310.

πάγκαρπος -ον : πᾶς *all,* καρπος *fruit.*very fruitful, ever-green 83.

πάθημα -τος : πάσχω *suffer*. suffering 1240. wrong 553.

πάθος -εος ; πάσχω *suffer*. suffering, accident 732.

Παιὰν -ᾶνος ; παίω = πάω *take care of*. Healer, Pœan, *a name of Apollo* 154. *a song of Apollo* 187.

παιδουργία -ας : παῖς *child*, ἔργον *work*. procreation. παιδ. δύσ. 1248 a mother of wretched children. *abstract for concrete*.

παῖς -δὸς child, boy.

παίω, παίσω, πέπαικα, πέπαιμαι strike, wound 1270.

πάλαι *adv*.of old τοῦ πάλαι = παλαιοῦ 1. for some time past 1067.

παλαιὸς -ὰ -ὸν ; πάλαι *of old*. old, ancient, obsolete.

πάλαισμα -τος ; παλαίω ; πάλη *wrestling*. struggle, trial, investigation 879.

πάλιν again, back 430.

παλίσσυτος -ον : πάλιν *back*, σίνω *move*. retrograde 193.

Πάλλας -αδος ; πάλλω *shake*. Pallas 20 *name of Minerva*.

πάλλω, παλῶ, πέπαλκα, shake 153 (*in neuter sense*.)

πανσίληνος -ον *fem*.: πᾶς *all*, σιλήνη *moon*. the full moon 1090.

παντελὴς -ὶς : πᾶς all, τίλος *end*. complete 930.

παντελῶς ; παντελὴς *complete*. completely 679.

πάντοιος -α -ον ; πᾶς *all*. of all kinds 915.

παρὰ from (*gen*.) 6. 285. with (*dat*.) 382. 971. παρ' οἴνω 780 over wine. παρ' οὐδὶν of no account 983. πάρα for πάρεστι is allowed 1238.

παραβώμιος -ον : παρὰ *by*, βωμὸς *altar*. by the altar 184.

παράγω : παρὰ *by*, ἄγω *lead*. παράξω, παρῆχα, παρῆγμαι, παρήγαγον lead aside 974.

παράδειγμα -τος ; παραδείκνυμι : παρὰ *by*, δείκνυμι *shew*. example.

παραινίω : παρὰ *by*, αἰνίω ; αἶνος *praise*. παραινίσω, παρήνικα, παρήνιμαι, advise 918.

παραμείβω : παρὰ *by*, ἀμείβω *change*. παραμείψω, παρήμειφα, παρήμειμμαι, pass by, surpass 504.

παραρίπτω : παρὰ *by*, ῥίπτω *cast*. παραρίψω, παρέῤῥιφα, παρέῤῥιμμαι cast by.—*absol*. risk 1492, κύβον or κίνδυνον *may be supplied*.

παραστείχω : παρὰ by, στείχω go. παραστείξω, παρέστιχον 2 aor.
pass by 808 fol. by gen. case.

παραστατέω : παρὰ by, στατίω ; στατὸς ; στάω place. παραστα-
τήσω, παρεστάτηκα, stand by 400.

παραφρόνιμος -ον : παρὰ beside, φρόνιμος ; φρὴν mind, beside one's
self 691.

πάρειμι : παρὰ by, εἰμὶ am. παρέσομαι, am by, am present 289.
445. πάρεστιν 766 it is possible.

παρέχω : παρὰ by, ἔχω hold. παρέξω, παρείχον impf. πάρεσχον
2 aor. supply 52, pay 36. present 1305. make 566.

πάρθενος -ου f. virgin 1119.

παρίημι : παρὰ by, ἵημι send. παρήσω, παρεῖκα, παρεῖμαι pass by,
omit 283, 345, relax, abate 689.

παρίστημι : παρὰ, ἵστημι set. παραστήσω, παρέστηκα, παρίσταα
p. m. παριστὼς pt. 1048. παρίσταμαι place by tr. stand by
intr. 1048. exist 633. δόξα μοι παριστάθη 911 an idea has
occurred to me.

Παρνησὸς -οῦ Parnassus 475.

πάροιθι ; πάρος before. before 491. 1282.

πάρος before, ὁ παρος the former 48.

πᾶς, πᾶσα, πᾶν, all.

πάσχω, (πένθω) πείσομαι, πέπονθα, ἔπαθον, meet with 516. (either
good or ill) suffer 228. 251. 127 παθὼν 403 by experience.

πάτρα -ας ; πατὴρ father, father-land, one's country 194.

πάτριος -α -ον ; πατὴρ. paternal 1394.

πατριώτης -ου ; πατρία ; πατὴρ. of the same country 1001.

πατροκτόνος -ου : πατὴρ father, κτείνω kill. parricide 1440.

πατρῷος -α -ον ; πατὴρ father. paternal 1210.

παυστήριος -ου ; παυστὴρ ; παύω. allayer 150.

παύω, παύσω, πέπαυκα, πέπαυμαι make to cease, put to rest
397. mid. cease 631.

πέδον -ου ; (πὶς) = ποῦς foot. plain, ground.

πέδη -ης ; (πὶς) = ποῦς foot, fetter 1848.

I

49

πείθω, πείσω, πέπεικα, πέποιθα, πέπεισμαι. ἐπιθον 2 aor. persuade
526. 555. mid. πείθομαι, comply, obey 321.

πειράω: πεῖρα trial. πειράσω, πεπείρακα, πεπείραμαι try, attempt.

πειστέος -ον; πείθομαι obey. necessary to obey 1517.

πελάζω; πέλας near, πελάσω, πεπίλακα, πεπίλασμαι ἐπελάσθην
make to approach tr. approach intr. 213.

πέλας near 400. fol. by gen. 783.

πέλω, πέλομαι ἐπλόμην 2 aor. am 245.

πέμπω, πέμψω, πέπομφα, πέπεμμαι send 189,

πένθος -εος; πάθος. grief, mourning 1225.

πέντε five.

πέρα beyond 343. fol. by gen. case 74.

περάω; πέρας end. περάσω, πεπέρακα pass 531. come to the end
674. 1530.

πέρθω, πέρσω, πέπερκα, πέπορθα, ἔπραθον 2 aor. destroy 1457.

περί about, concerning (gen.)

περίαλλος -ον: περί above, ἄλλος other. excessive. ὡς περί. 1219
excessively.

περιβόητος -ον: περί around, βοάω cry. published pass. crying
around 192 act.

περιείδω: περί, εἴδω see. περιείσομαι, περιοῖδα overlook 1505.

περιπολέω: περί about, πολέω turn often. περιπολήσω, περιπεπό-
ληκα, pace round 1254.

περιποτάομαι: περί around, ποτάομαι; πέτομαι fly. περιπτήσο-
μαι, περιπεπότημαι, fly around 483.

περισσός -ή -όν; περί above. extraordinary, in particular 841.

περιτίλλομαι: περί around, τίλλομαι rise. revolve 156.

περόνη -ης; πείρω pierce. clasp 1269.

πέτομαι, 2 aor. ἐπτόμην (for ἐπιτόμην), inf. πτέσθαι 16. fly 1310.
flutter 487. move rapidly 16.

πέτρος -ου and πέτρα -ας, rock, stone, 334. 478,

πεύκη -ης fir, torch (made of fir) 214.

πέφνω (πεφίνω); φίνω kill, murder 1497.

F

πηγὴ -ῆς fountain 1387.

πηδάω, πηδήσω, πιπήδηκα leap 1301.

πῆμα -τος ; πίω = παίω press. calamity, burden 166. injury 379.

πημονὴ -ῆς ; πημαίνω ; πῆμα. suffering 1230. injury, insult 363.

πίνω, πιοῦμαι fut. (πόω) πίπωκα, πίπομαι, ἔπιον 2 aor. drink.

πίπτω, (πισίω) πισοῦμαι, ἔπισον, (πτόω) πίπτωκα fall 376. 616.

πιστεύω ; πιστός. πιστεύσω, πεπίστευκα, πεπίστευμαι trust, believe 625. 646.

πιστός -ὴ -ὸν ; πείθω persuade. faithful 385.

πίστις -ιως ; πιστός. faith, pledge 1420.

πλάνημα -τος ; πλανάω make to wander. wandering 727.

πλάνης -ητος ; πλανάω wanderer 1029.

πλάνος -ου maze 67.

πλάξ -κὸς a flat surface, plain 1103.

πλαστὸς -ὴ -ὸν; πλάσσω fashion. fabricated,—supposititious 780.

πλεκτὸς -ὴ -ὸν ; πλέκω weave. twisted 1264.

πλῆθος -ιος ; πλήθω fill. multitude 424. 541.

πλὴν except (gen.)

πλησιάζω ; πλησίος ; πέλας near. πλησιάσω. approach 1135. hold communication with 1136.

πλούσιος -α -ον ; πλοῦτος wealth. wealthy 455. 1070.

πλουτίζω ; πλοῦτος. πλουτίσω, πεπλούτικα, πεπλούτισμαι enrich 30.

πλοῦτος -ου wealth 380.

πόθεν ; (πὸς) whence 1162.

πόθος -ου regret.—τῷ μῷ πόθῳ through regret for me 969. desire 517.

ποῖ ; (πὸς) whither. ποῖ γᾶς whither in the world 1308.

ποιέω, ποιήσω, πεποίηκα, πεποίημαι make, do.—mid. make to one'self; admit 240.

ποικιλῳδός -ου : ποίκιλος various, ᾄδω sing. varied-singing 130.

ποιμὴν -ίνος ; πόω = βόω feed. shepherd 1029.

ποίμνιον -ου ; ποίμνη ; πόω. flock 761. 1028.

ποῖος -α -ον ; (πὸς) of what kind interrog. 89. 291. what 420.

πολιὸς -ὰ -ὸν, white, hoary 186.

πόλις -ιως city 4. *taken for the body of citizens* 179.

Πόλυβος -ου Polybus 490. *reputed father of Œdipus.*

Πολύδωρος -ου Polydorus 226. *son of Cadmus.*

πολύζηλος -ον : πολὺς, *much,* ζῆλος *envy.* much envied 381.

πολὺς, πολλὴ, πολὺ much. comp. πλείων, πλίων -ον more 247. more *than usual,* extraordinary 37. ἰς πλίον to advantage 918. acc. πλείονα -οα -ω 75. superl. πλεῖστος most 1109.

πολυστεφὴς -ις : πολὺς *much* στέφω crown. plentifully-wreathed.

πολύχρυσος -ον : πολὺς *much,* χρυσὸς *gold.* abounding in gold 151.

πόμπος -ου ; πέμπω *send.* conductor, guide 698. messenger 289.

πόνος -ου ; πίνομαι *labour.* labour, trouble 185. 316.

πόποι (*an exclamation of grief,*) Ye gods! 168.

πορέω, πόρω ; πόρος *means.* πόρσω, ἵπορον 2 aor. give 921. 1255.

πορεύω ; πόρος *passage.* πορεύσω, πορεύσομαι mid. πιπόρευκα, πιπόρωμαι. transport tr. go intr. 676. 883.

πορσύω ; πόρω give. πορσυνῶ, ἐπόρσυνα 1 a. get ready, bring 1476.

πόσις -ιος husband 459.

πόσος -η -ον ; (πὸς). how much, how long, *interrog.* 558.

ποτε ever 224. I pray, *lat.* " *tandem* " 1236.

πότερος -α -ον ; (πὸς) whether of the two. neut. pl. adverbially. lat. " *utrum* " 112 interrogatively.

πότμος -ου ; πίτω *fall.* fate 271.

ποῦ ; (πὸς) where 355. 390. που (*enclitic*) perchance 43.

ποὺς, ποδὸς foot.—footing 878.

πρᾶγμα -τος ; πράσσω do. deed, business 255.

πρακτέος -α -ον ; πράσσω do. to be done 1439.

πρᾶξις -εως ; πράσσω do. doing, action 895.

πράσσω (πράγω) πράξω, πέπραχα, πέπραγα mid. πέπραγμαι, 2 aor. ἔπραγον do, perform.—bribe 125. εὖ πρ. τι 1006 to gain some favour.

πρίτω am becoming 9.

πρέσβυς -εια -υ old 805.—*applied to the chorus* 1111 *which consisted of old Thebans.* πρεσβύτερος more inveterate 1363.

πρὶν ; (πρὸ). before *often fol. by inf.* ὁ πρὶν 1025 the former.

προβάλλω : πρὸ *forward* βάλλω *cast.* προβλήσω, προβέβληκα, προ-
βέβλημμαι, προύβαλον 2 aor. cast forward.

προδείδω : πρὸ *before,* δείδω *fear,* προδείσω, fear beforehand,
anticipate alarm, am alarmed 90.

προδείκνυμι : πρὸ *forward,* δείκνυμι : δείκω *shew.* προδείξω, προδέ-
δειχα, προδέδειγμαι, shew before, point out 624. grope for-
wards 456.

προδίδωμι : πρὸ *forward,* δίδωμι ; δόω *give.* προδώσω, προδέδωκα,
προδίδομαι, 2 aor. προΐδων give up, betray 330.

πρὸ in behalf of (*gen.*) 10.

προείπω : πρὸ *before,* ἴπω *say.* 2 aor. προείπων pronounce 351.

προέχω : πρὸ *before,* ἔχω *have.* προέξω, προέσχον 2 q. surpass 1116.

προηγήτης -ου ; προηγέομαι : πρὸ, ἡγέομαι *lead,* guide 1293.

προθυμία -ας ; πρόθυμος *prompt :* πρὸ, θυμος *mind.* zeal 48.
intention 838.

προΐστημι : πρὸ *before,* ἵστημι *place.* προστήσω, προΐστηκα c.
προύστηκα, προΐσταμαι, προιστάθην station in front.

πρόκειμαι : προ *before,* κεῖμαι *lie.* προκείσομαι, lie before, am
, proposed *or* published 865.

πρόμος -ου ; πρὸ *before. front-fighter.—chieftain, prince 661.

πρόνοια -ας ; πρόνοος : πρὸ *before,* νόος *mind.* foresight 978.

προξενία ; πρόξενος *public entertainer :* πρὸ, ξένος *host,* προξενήσω,
προύξένησα 1 aor. entertain publicly.—treat 1483.

πρόπας -ασα -αν : πρὸ, πᾶς *all.* all 169.

προπηλακίζω : πρὸ *forward,* πηλακίζω ; πηλὸς *clay.* προπηλακίσω,
προπεπηλάκικα, προπεπηλάκισμαι, throw mud in the face,
hence, treat contemptuously 427.

προπονέομαι : πρὸ *before,* πονέομαι ; πόνος *labour,* προπονήσομαι·
προπεπόνημαι. am afflicted (*before*) 685.

προσάγω : πρὸς *to,* ἄγω *bring.* προσάξω, προσῆχα, προσῆγμαι,
προσήγαγον, lead to.—induce 131.

προσάπτω : πρὸς to, ἅπτω fasten. προσάψω, προσῆψα, προσῆμμαι attach 668.

προσαρκέω : πρὸς, ἀρκέω aid. προσαρκέσω, προσήρκηκα, give assistance 12. 141.

προσαυδάω : πρὸς to, αυδάω ; αὐδὴ voice. προσαυδήσω, προσηύδηκα, προσηύδημαι, speak to, address 351.

προσβαίνω : πρὸς, βαίνω go ; βάω. προσβήσω tr. προσβίβηκα, προσίβην intr. go, come to, attack 1300.

προσβλέπω : πρὸς, βλέπω see. προσβλέψω, προσβέβλιφα, προσβίβλεμμαι behold 1183.

προσειδέω and -δω : πρὸς, ειδέω see. προσείσομαι, προσοῖδα, 2 aor. προσεῖδον 1372 behold. ἄλλοι ἀλ. πρ. 175 == ἄλλοι πρὸς ἄλλῳ ἴδοις.

προσέρπω : πρὸς, ἕρπω "serpo" creep. προσέρψω creep on 539.

προσέρχομαι : πρὸς, ἔρχομαι come. (ἐλίνθω) προσελεύσομαι, προσελήλυθα. 2 aor. προσῆλθον 59, come to.

προσήκω : πρὸς, ἥκω am come, προσήξω attach to 814.

πρόσημαι : πρὸς by, ἧμαι sit. sit by 15.

πρόσθι ; πρὸ. before 360.

προσθήκη -ης ; προστίθημι. addition—additional aid—suggestion 38.

προσήγορος -ον : πρὸς, ἀγορέω ; ἀγόρα ; ἀγείρω collect, to be addressed 1339. approachable 1437.

πρόσκειμαι : πρὸς to, κεῖμαι lie. προσκείσομαι am added 232.

προσκυνέω : πρὸς, -κυνέω fawn ; κύων dog. προσκυνήσω, προσκεκύνηκα, fawn to—worship 327.

προσκύρω : πρὸς, κύρω happen. προσκύρσω meet with 1299.

προσλεύσσω : πρὸς, λεύσσω see, behold.

προσμένω : πρὸς at, μένω remain. προσμενῶ, προσέμεινα 1 aor. προσμεμένηκα remain by 620.

προσπιλάζω : πρὸς to, πιλάζω make to approach. προσπιλάσω, προσπεπίλακα, προσπεπίλασμαι make to come near to—force 1101.

πρόσπολος -ου : πρὸς at, πολέω am employed. attendant, page 945.

πρὸς at (*dat.*) 20. on (*dat.*) 181. by, *in adjuration* (*gen.*) 326.
1037. from (*gen.*) 516. in addition (*dat.*) 175. by (*gen.*)
522. 713. πρὸς βίαν by force 805. πρὸς σοῦ to thy interest
1434. πρὸς τάδε after this, therefore 343.

προστάτης -ου : πρὸ *before*, στάω *place*. patron 303. 411 882.

προστείνω : προς *to*, τείνω *stretch*. προστινῶ, προστέτακα, προστέτα-
μαι stretch to.

προσστείχω : πρὸς *to*, στείχω *go*. προσστείξω, advance 79.

προστίθημι : πρὸς *to*, τίθημι *place* ; θέω. προσθήσω, πρόστέθεικα,
προστέθιμαι impose 820. mid. take to one's self 1460.

πρόστροπος -ου ; προστρέπω : πρὸς *to*, τρέπω *turn*. suppliant 41.

προσφιλὴς -ὲς : πρὸς *to*, φίλος *friendly*. agreeable to, kind 322.

προσφωνίω ; πρὸς *to*, φωνέω *speak*. προσφωνήσω, προσπιφώνηκα, προσ-
πιφώνημαι address 238.

προσχρήζω : πρὸς *to*, χρήζω *wish*. wish in addition 1155.

πρόσχωρος -ον : πρὸς *to*, χώρα *country*. adjacent 1127.

πρόσωπον -ου : πρὸς *by*, ὢψ *eye*. countenance, person 448.
effrontery 533.

πρότερος -α -ον : πρὸ *before*. former 165.

προτρέπω, oftener -ομαι mid. : πρὸ, τρέπω *turn*. προτρέψω, προτέ-
τροπα, προτέτραμμαι urge forward 358. exhort 1446.

προφαίνω : πρὸ *before*, φαίνω *shew*. προφανῶ, προπίφαγκα, προπί-
φασμαι shew forth.—mid. and pass. appear (openly.) 395.
790. pass. ind. 2 aor.

προφωνίω : πρὸ *before*, φωνέω *speak* ; φωνὴ *voice*. προφωνήσω, προ-
πιφώνηκα, προπιφώνημαι proclaim.

πρῶτος -η -ον ; πρὸ *before*. first.

πτερόεις -εσσα -εν ; πτερον *a wing*. winged 568.

πτυχὴ -ῆς ; πτύσσω *fold*. recess, ravine 1026.

πτωχὸς -ὴ -ὸν ; πτώσσω *crouch with fear* ; πτόω *fall*. poor 455.

Πυθικὸς -ὴ -ὸν ; Πύθιος ; Πυθὼ *Pytho*. Pythian.

πυθμὴν -ίνος foundation, base 1262.

Πυθόμαντις -ιως m. and f. : Πυθὼ, μάντις prophet. of the Pythian priestess.—oracular 965.

Πῦθὼν -θῶνος, and -θὼ -θοῦς f. Pytho, in Phocis, old name of Delphi. 788. prep. ἀπὸ to be supplied 152.

πύλη -ης gate, door 1244.

πύματος -η -ον last, extreme, ὅτι πύματον utterly 663.

πυνθάνομαι, πεύθομαι, πεύσομαι, 2 aor. ἐπυθόμην learn (by inquiry) 71. 333. 515. 1240. 1305.

πύργος -ου tower.

πυρφόρος -ον : πῦρ fire, φέρω bear, fire-bearing 27. 200.

πω enclitic ; (πὸς) yet 492. 731.

πωλικὸς -ὴ -ὸν ; πῶλος a foal. drawn by foals 802.

πῶς ; (πὸς) how ? πως enclitic, in any manner—I wish 765 " utinam."

ῥάδιος easy. comp. ῥάων sup. ῥᾷστος, neu. pl. most easily 320 adv.

ῥαψῳδὸς -οῦ m. and f. : ῥάπτω patch, ᾠδὴ song. patcher of songs 391.

ῥέπω, ῥέψω, ἔρρωπα, verge, incline 847.

(ῥέω) whence ἐρρήθην, pt. ῥηθεὶς 1057, speak. see ἐρῶ.

ῥήγνῦμι -ύω, ῥήσσω ; (ῥήγω) ῥήξω, ἔρρηχα, ἔρρωγα ; (ῥήσσω), ἔρρηγμαι ἔρραγον 2 aor. ἐρράγην pass. ῥαγήσομαι 2 fut. break 1076.

ῥῆμα -τος ; ῥέω say. word 355.

ῥητὸς -ὴ -ὸν ῥέω tell. to be told 993. 1290.

ῥίπτω, ῥίψω, ἔρριφα, ἔρριμμαι. throw, cast 719. 1290.

ῥοπὴ -ῆς ; ῥέπω verge. the turn of the balance—inclination 961.

ῥύομαι ῥύσομαι, ἔρρῦμαι, rescue 72. 312. ward off 313.

ῥώμη -ης ; (ῥώω) strengthen. strength, force 1292.

σαλεύω ; σάλος brine. σαλεύσω, σεσάλευκα, σεσάλευμαι, agitate tr. fluctuate 23 intr.

σάλος -ου ; ἃλς " sal" salt. brine, tide, 24.

σαφὴς -ὲς clear 390. σαφέστερος, σαφέστατος.

σαφῶς ; σαφὴς *clear.* clearly 106.

σεαυτοῦ -ῆς -οῦ : σὺ, αὐτός. of thyself 708.

σέβας, *neut. indecl.* ; σέβω. adoration—reverence 830. "*numen.*"

σέβω -ομαι 886. 700 ἐς πλέον τῶνδε, I respect thee more than these do, *i. e.* the chorus—*they having refused* (685) *to inform Jocasta of the reason of the quarrel.*

θεσπιόμαντις -εως : σεμνός, μάντις *prophet.* soothsayer 556.

σεμνὸς -ὴ -ὸν ; σέβω. solemn, dread 953.

σεύω, σεύσω, ἔσευα 1 aor. ἔσσυμαι, ἐσύθην, pt. σύθεὶς removed 446. move quickly.

σημαίνω ; σῆμα *sign.* σημανῶ, σεσήμαγκα, σεσήμασμαι, shew 226. 933. 1049.

σημάντωρ -ορος ; σημαίνω. informer 957.

σημεῖον -ου ; σῆμα. sign, proof 710. clue 1059.

σθεναρὸς -ὰ -ὸν ; σθένος. vigorous. σθεναρώτερος 468. σθεναρώτατος.

σθένος -εος, strength, force 369.

σθένω ; σθένος *strength.* am strong, able 17. 1486.

σῖγα silently 1212.

σιγάω ; σιγὴ. σιγήσω, σεσίγηκα, σεσίγημαι am silent 559.

σιγὴ -ῆς silence 341.

σιωπάω ; σιωπὴ. σιωπήσω, σεσιώπηκα, σεσιώπημαι am silent 231.

σιωπὴ -ῆς silence 1075.

σκέπτομαι, σκέψομαι, ἔσκεμμαι consider 584.

σκῆπτρον -ου ; σκῆπτω lean on. staff 456. 811.

σκήπτω, σκήψω, ἔσκηφα press on, urge 28.

σκληρὸς -ὰ -ὸν ; σκλίω dry. rigid, cruel 36.

σκοπέω ; σκόπος *the archer's mark* ; σκέπτομαι look. σκοπήσω, ἐσκόπηκα, ἐσκόπημαι observe 286. 291. 952.

σκοτεινὸς -ὴ -ὸν ; σκότος. involved in darkness 1326.

σκότος -ου darkness 419. 1273. 1312.

σμικρὸς -ὰ -ὸν = μικρὸς small 1077.

σὸς, σὴ, σὸν ; σὺ thou. thy.

σοφία -ας ; σοφὸς *wise.* wisdom 503.

σοφὸς -ὴ -ὸν wise 284. σοφώτερος, σοφώτατος.

σπάνις -ιως want 1461.

σπάργανα -ων ; σπάργω *wrap.* swaddling clothes.—badge of
   recognition 1035, *attached to the clothes of infants when
   exposed.*

σπάω, σπάσω, ἔσπᾰκα, ἔσπασμαι draw, tear 1243.

σπείρω, σπερῶ, ἔσπαρκα, ἔσπορα, ἔσπαρμαι, ἔσπαρον 2 aor. ἐσπάρην
   pass. sow.—bring forth 1498 *pass. indic.* 2 aor.

σπέρμα -τος ; σπείρω. seed, origin 1077. offspring 1246 *i. e.*
   Œdipus.

σποδὸς -οῦ ashes 21.

στᾰγὼν -όνος ; στάζω distil. drop 1278.

σταθμάω oftener -άομαι ; στάθμη *a rule* ; (στάω) *set.* σταθμήσω,
   ἐστάθμηκα, ἐστάθμημαι measure.—conjecture 1111.

σταθμὸς -οῦ ; στάω *place.* stall, pen 1139. *neuter in pl.*

στάσις -ιως ; ἵστημι *set.* sedition, disturbance, brawl 635.

στέγη -ης ; στέγω *cover.* roof, house 533. 927. 1164.

στίγω, στίξω, ἔστιχα, ἔστιγμαι cover 341.

στείχω, στείξω, ἔστιχον walk. 632. 798.

στέλλω, στελῶ, ἔσταλκα, ἔστολα, ἔσταλμαι, ἐστάλθην 1 a. ἔστειλα,
   mid. ἐστειλάμην send.—send for 434. 860. = μεταστέλλω.

στέναγμα -ατος ; στενάζω groan. groaning 5.

στεναγμὸς -οῦ ; στενάζω groan ; στένω. groan 30. 1284.

στένω ; στένος *narrow.* groan.

στενωπὸς -ὸν : στένος, ὤψ eye. narrow 1399 ὁδὸς *to be supplied.*

στέργω, στέρξω, ἔστοργα love (*as a parent a child.*) 1023. beg 11.

στερκτὸς -ὴ -ὸν ; στέργω. to be loved 1338.

στερέω, στερήσω, ἐστέρηκα, ἐστέρημαι, deprive, disappoint 771.

στεροπὴ -ῆς = ἀστεροπὴ ; ἀστὴρ star. lightning 470.

στέφος -ιος : στέφω crown. wreath 913.

στόλος -ου ; στέλλω send. expedition.—army, band 169.

στόμα -τος, mouth, lip 1219. speech, word 426. 706.

στονὶς -ίσσα -ὶν ; στόνος groan. groaning 187.

στυγίω ; στύγος hate. στυγήσω, ἐστύγηκα, ἐστύγημαι hate 672.1296.

στυγνὸς -ὴ -ὸν ; στυγίω hate. hateful, resentful 673.

σὺ, σοῦ thou. σφὼ du. acc. 1488. σοι I assure thee 780.

συγγενὴς -ὲς : σὺν with, γίγνομαι am born. kindred. συγ. τι 814. any relationship.

σύμβολον -ου : συμβάλλω conjecture. sign, clue, evidence 221.

συμβουλεύω : σὺν, βουλεύω ; βουλὴ counsel. συμβουλεύσω, συμβεβού-λευκα, συμβεβούλευμαι counsel 1370.

σύμμαχος -ου : σὺν with, μάχομαι fight. ally 245. 274.

συμμιγὴς -ὲς : σὺν with, μίγνυμι mix. intermingled 1281.

συμπαίζω : σὺν with, παίζω sport ; παῖς boy, συμπαίξω, συμπέ-παικα sport with 1109.

συμπίπτω : σὺν with, πίπτω fall. (πτόω) συμπτώσω, συμπέπτωκα, συνέπισον 2 aor. meet with 113.

συμπράκτωρ -ορος ; συμπράσσω : σὺν with, πράσσω do. assistant. – partner 116.

συμφέρω : σὺν with, φέρω bring. (όιω) συνοίσω, (ἰνέγκω) συνήνεγκα contribute. συμφέροντα expedient 875.

συμφορὰ -ᾶς : συμφέρω. event 44. 453. accident 33.

σύμφωνος -ον : σὺν, φωνὴ voice. in unison, responsive to 421.

σὺν with (dat.) 17.

σύντομος -ον : σὺν together, τέμνω cut. concise 710.

συντόμως ; σύντομος. concisely, promptly 810.

συντυγχάνω : σὺν with, τυγχάνω meet with. (τεύχω) συντεύξομαι, 2 aor. συνέτυχον meet with.

σφι used by the poets in all cases and numbers for αὐτὸν &c. 1505.

Σφὶγξ -γγὸς Sphinx.

σχεδόν nearly 736.

σχιστὸς -ὴ -ὸν ; σχίζω cleave. cleft, divided 734.

σχολὴ -ῆς intermission 1286. leisure σχολῇ γε 434 very slowly.

σώζω ; σάος safe. σώσω, σέσωκα, σέσωσμαι, ἐσώθην preserve. save 1180.

σωτὴρ -ῆρος ; σώζω. preserver 48. 1039. *adjectively* 80 saving.

σωφροσύω ; σώφραν : σάος *sound*, φρὴν *mind*. σωφρονήσω, σισωφρόνηκα am prudent, wise 589.

ταλαίπωρος -ον ; ταλάς *wretched*. wretched 634.

τανῦν : τὰ ; ὁ *the*, νῦ*now*. now.

ταράσσω, ταράξω, τιτάραχα, τετάραγμαι, disturb, harass 483.

τάρβος -ιος fear 296. 1011.

τάφος -ου ; θάπτω *bury*. tomb 942. burial 1447. death 987.

τάχα ; ταχὺς *swift*. quickly 373. 421 perhaps 138. 523.

τάχος -ιος speed 765.

ταχύνω ; τάχος *speed*. ταχυνῶ, ἰτάχυνα 1 aor. hasten.

τίγγω, τίγξω, τίτιγκα bedew, moisten 1278. pour 1279.

Τιιρισίας -ου, Tiresias, a *Theban seer—he lived to a great age*.

τικμαίρω ; τίκμαρ *sign*. τικμαρῶ, τιτίκμαρκα prove act.—conjecture mid. 916.

τίκνον -ου ; τίκτω *produce*. child 1.

τικνόω ; τίκνον. τικνώσω, τιτίκνωκα, τιτίκνωμαι beget, produce 865.

τελευταῖος -α -ον ; τελευτὴ ; τιλεύω ; τίλος *end*. final 1183.

τίλος -ιος end 198. cost 316.

τελέω ; τίλος. τιλίσω contr. τιλῶ 232, τιτίλικα, τιτίλισμαι perform 465. bring about 1330. rank 222. make good 232.

τεράσκοπος - ου : τίρας *prodigy*, σκίπτομαι *consider*. observer of prodigies, seer 606.

τίρμα -τος limit 1530.

τίρπω, τίρψω, τίτορφα, ἰταρπον 2 aor. please 785.

τίρψις -ιως ; τίρπω. delight 1477.

τίχνη -ης : (τίκω) *produce*. art 357. 380.

τηλίκοσδι -ηδι -ονδι ; τηλίκος *such*. of such an age 1508.

τηνικαῦτα : τηνίκα *then*, αὐτός *very*. then.

τηρίω, τηρήσω, τιτήρηκα, τιτήρημαι, watch, observe 808.

τίθημι (θίω) θήσω, τίθιικα, τίθιμαι, 1 aor. ἰθηκα 2 aor. ἰθην, mid.

ἰθίμην place. *mid. place to myself i. e.* take 134. adjust 933. 1448. appoint 1453.

τίκτω ; (τίκω) τίξομαι, τίτοκα, ἕτεκον, ἐτέχθην bring forth 869.

τιμάω ; τιμή. τιμήσω, τετίμηκα, τετίμημαι, honour 1202.

τίμιος -α -ον ; τιμή ; τίω *honour.* honourable 895.

τιμωρίω ; τιμωρὸς *avenger.* τιμωρήσω, τετιμώρηκα, τετιμώρημαι avenge 136. punish 107.

τὶς, τὶ who 10 *inter.* τις, τινος (*enclitic*) any, some, individual, *attic. gen.* του 42. 396. 1163. *attic. dat.* τω.

τίω, τίσω, τίτικα. τέτιμαι pay 816 *where supply* δίκην.

τλάω, τλῆμι, τλήσω, τέτληκα, ἕτλην 2 aor. τλᾶθι, τλάην bear, endure 602, have the daring 1327.

τλήμων -ονος ; τλῆμι. wretched 1175.

τοι ; τὺ = σὺ in truth.

τοιγαροῦν : τοι, γὰρ, οὖν therefore 1518.

τοίοσδε, τοιάδε, τοιονδε ; τοῖος *such.* such 244.

τοιοῦτος -αύτη -οῦτο : τοῖος *such,* οὗτος *this.* such 140..406.

τόκος -ου ; τίκτω *produce.* birth 173. offspring 26.

τόλμη -ης ; (τόλω) = τολάω *bear.* boldness, daring 533.

τοξεύω ; τόξον *bow.* τοξεύσω, τετόξευκα shoot, aim (*with a bow*) 1196.

τοσόσδε -ήδε -ὁνδε ; τόσος. so great 532. 1212.

τράπεζα -ης i. e. τετράπεζα : τέσσαρες *four,* πούς *foot.* table 1484.

τρέμω ; τρέω, τρεμῶ, τέτρομα tremble, fear 947.

τρέπω, τρέψω, τέτροπα, τέτραμμαι, ἕτραπον turn.

τρέφω, θρέψω, τέτροφα, τέθραμμαι, ἕτραφον, ἐτράφην pass. ἐθρέφθην nurse 1143. breed 323. harbour 97. hold 974 = ἔχω.

τρίβη -ης ; τρίβω *wear.* delay 1160.

τρίδουλος : τρὶς thrice, δοῦλος *a slave.* thrice a slave 1003 *i. e.* slave of three generations.

τριπλόος c. -οῦς, -όη c. -ῆ, -όον e. οῦν : τρὶς, πλέω *fold.* triple 716.

τρισσὸς -ἠ -ὸν ; τρὶς thrice. three 108.

τρίτος -η -ον ; τρὶς thrice. third 283.

τρόπος -ου ; τρέπω *turn.* manner 10. kind *or* nature 99.

τροφή -ῆς ; τρέφω *nourish.* food.—offspring 1.

τρόφος -ου *m. and f.* ; τρέφω *nourish.* nurse 1092.

τροχηλάτης -ου : τρόχος *chariot,* ἐλάω *drive.* charioteer 806.

τρύχω ; τρύω *rub.* τρύξω, τίτρῦχα, τέτρυγμαι afflict 667.

τυγχάνω ; τεύχω, τεύξομαι, ἔτυχον am, happen 87, obtain 598.

   find 1039. τυχὼν ἀνὴρ a common, every-day man.

τυραννέω ; τύραννος *king.* τυραννήσω, am king 407.

τυραννὶς - ίδος ; τύραννος. kingly-power 380.

τύραννος -ου *king.*—tyrant 873. τύραννα δρᾶν act as a king 588.

τυφλὸς -ὴ -ὸν ; τύφω *involve in smoke.* blind 399.

τύχη -ης fortune (*good*) 52. misfortune 1036.

ὕβρις -εως ; ὑπὲρ. *so* "*superbia*" *from* "*super.*" insolence 873.

ὕλη -ης wood. *hence latin* "Sylva."

ὑμέναιος -ου ; Ὑμὴν *Hymen.* nuptial song.—marriage 422.

ὑπαρχὴ -ῆς : ὑπὸ *under,* ἀρχὴ *beginning.* commencement.

ὑπείκω : ὑπὸ *under,* εἴκω *yield.* ὑπείξω submit 625.

ὑπεξαιρέω : ὑπὸ *under,* ἐξ *out,* αἱρέω *take.* ὑπεξαιρήσω, ὑπεξῄρηκα,
   ὑπεξῄρημαι, 2 *aor.* ὑπεξεῖλον ; (ἴλω). secretly withdraw 227,
   having averted the charge by private information.

ὑπὲρ in behalf of (*gen.*) 137. 1448. in the case of (*gen.*) 164.
   concerning (*gen.*) 989.

ὑπερβολὴ -ῆς ; ὑπερβάλλω : ὑπὲρ *above,* βάλλω *hit.* excess. καθ'
   ὑπερβολὴν, to an exceeding height 1195.

ὑπέροπτος -ον : ὑπὲρ *above,* ὄπτομαι *see.* supercilious, *neu. pl.
   adverb.* 883.

ὑπερμάχομαι : ὑπὲρ *in behalf of,* μάχομαι *fight.* ὑπερμαχήσομαι,
   or -χέσομαι, ὑπερμαχοῦμαι *mid 2nd fut.* ὑπερμεμάχημαι fight
   for 265.

ὑπερπλήθω : ὑπὲρ *above,* πλήθω *fill.* ὑπερπλήσω, ὑπερπέπληκα,
   ὑπερπέπλησμαι, ὑπερεπλήσθην over-fill 779. 874.

ὑπερφέρω : ὑπὲρ above, φέρω bear. (οἴω) ὑπεροίσω, (ἐνέγκω) ὑπερή-
νεγκα excel, exceed 381.

ὑπέρχομαι : ὑπὸ under, ἔρχομαι come. (ἐλεύθω) ὑπελεύσομαι, ὑπελή-
λυθα, ὑπῆλθον come under.—supplant 386.

ὑπέχω : ὑπὸ under, ἔχω have. ὑφέξω, ὑπεσχον 2 aor. sustain,
submit to, suffer.

ὑπηρετέω ; ὑπηρέτης. ὑπηρετήσω, subserve, minister to 217.

ὑπηρετής -ου : ὑπὸ under, ἐρέτης ; ἐρέσσω row. a rower under the
command of another.—minister, servant 712.

ὕπνος -ου sleep. whence " sypnus"—" sopnus"—" somnus."

ὑπὸ by (gen.) 29. under (acc.) 477 oftener gen. and dat.

ὑπομένω : ὑπὸ under, μένω remain. endure 1324.

ὑποστρέφω : ὑπὸ under, στρέφω turn. ὑποστρέψω, ὑπέστροφα,
ὑπέστραμμαι, ὑπέστραφον 2 aor. turn back.—influence 728,
arrange thus στραφεὶς ὑπὸ ποίας μερίμνης.

ὕπουλος -ον : ὑπὸ, οὐλὴ a scar. having a wound under a scar—
unsound, κακῶς ὕπουλον concealing evils beneath the sur-
face 1396.

ὕπτιος -α -ον ; ὑπὸ under. supine, on one's back 811.

ὕστερος -α -ον after 50 neut. used adverbially. late 222. here-
after 857.

ὑφέρπω : ὑπὸ, ἕρπω creep. ὑφέρψω creep under. ὑφεῖρπε πολὺ it
stole deep into my thoughts 786.

ὑφηγητὴς -οῦ ; ὑφηγέομαι : ὑπὸ under, ἡγέομαι lead. conductor
1260. director 966.

ὑφίημι : ὑπὸ under, ἵημι send. ὑφήσω, ὑφεῖκα, ὑφεῖμαι; ὕφην 2 aor.
pt. ὑφεὶς. send under, suborne 387.

ὑψίπους -οδος : ὕψι on high, πούς foot. high-stepping—sublime
866.

ὑψοῦ on high 914.

φαίνω, φανῶ, πέφαγκα, πέφηνα, πέφασμαι 838. ἔφανον 2 aor. ἐφάν-
θην 1 aor. pass. shew, publish 848. bring to light 132.
mid. appear 336, mid. indic. fut.

φανερὸς -ὰ -ὸν ; φαίνω *shew.* clear, manifest 507.

Φᾶσις -εως Phasis 1228. *river in Colchis,—it rises in Mount Caucasus.*

φάσκω ; (φάω) = φημὶ *say.* ἴφασκον *impf.* declare 110. 842. 462 *inf. used imperatively.* ἴξιστι *may be supplied.*

φάτις -εως ; φημὶ *say.* oracle 151.310. report 495.

φέριστος ; φέρω. best (*in carrying away spoil*) 1149.

φέρω (οἴω) οἴσω, (ἰνέγκω) ἤνεγκα bear, bring. observe 863. conduce 517. φέρ' ἰπὶ "dic age" 390. πλέον φέριται advances more in knowledge 501.

φεῦ ah ! alas ! *hence latin* " *heu.*"

φεύγω, φεύξομαι, πίφευγα, πίφυγμαι, ἴφυγον fly, escape 355. am averse 1010. am banished 623. exile myself 947.

φημὴ -ῆς ; φημὶ *speak.* report, voice, oracle 43. 86. 158. 475.

φημὶ ; (φάω) *say.* φήσω 2 aor. ἴφην, say 330.

φθείρω, φθερῶ, φθερεῦμαι *mid.* ἴφθαρκα, ἴφθαρμαι, ἴφθαρον, ἰφθάρην destroy 254. 272. wander, am outcast 1502.

φθίνω, φθίω, φθίσω, ἴφθικα, ἴφθιμαι, ἰφθίμην *pl. p.* 902. destroy *tr.* waste away *intr.* 25. fall to decay *or* disrepute 906.

φθογγὴ -ῆς ; φθέγγομαι *speak.* voice 1310.

φθονέω : φθόνος *grudge.* φθονήσω, ἰφθόνηκα, envy.—grudge 310. τὸ φθονεῖν 624 *what ill-will I bear thee.*

φθόνος -ου envy, odium 382.

φιλέω ; φίλος *friend.* φιλήσω, πιφίληκα, πιφίλημαι love.—am wont 569. 1520. *so* " *amo*" *in Latin. Hor. Od. B. III.* 16. 10.

φίλος -η -ον dear, friendly. *subst.* a friend.

φλέγω, φλέξω, πίφλογα, πίφλιγμαι burn 213.

φλὲξ -γὸς ; φλέγω *burn.* flame 166. 1425.

φοβέω ; φόβος *fear.* φοβήσω, πιφόβηκα, πιφόβημαι, frighten 296. *middle* fear 226. 722.

φοβερὸς -ὰ -ὸν ; φόβος *fear.* fearful 153.

φόβος' -ου : φίβομαι am *frightened.* fear.

Φοῖβος -ου Phœbus, Apollo 162.

Φοίνιος -α -ον = φόνιος ; φόνος. bloody 1276.

Φοιτάω, φοιτήσω, πεφοίτηκα, frequent, roam 477. 1265.

Φονεὺς -έως : φόνος murder. murderer 362. 703.

Φόνος -ου ; φένομαι kill. murder, blood 100.

Φοράδην ; φέρω carry. in a dispersed manner 1310, " sparsim."

Φορέω ; φέρω. φορήσω, πεφόρηκα, πεφόρημαι, endure 1320.

Φραγμὸς -οῦ ; φράσσω shut. obstruction, means of obstructing 1387.

Φράζω, φράσω, πέφρακα, πέφρασμαι say 9. 283.

Φρὴν, φρενὸς mind,—judgment 511.

Φρίκη ης : φρίσσω bristle. horror 1305.

Φρονέω ; φρὴν mind. φρονήσω, πεφρόνηκα, πεφρόνημαι, think, am wise 328. understand 302. 316. 462. 569.

Φρόνησις -εως ; φρονέω think. thought 664.

Φρόνιμος -η -ον ; φρὴν mind. sensible. ἄτερ ἐπὶ φρόνιμα destitute of my senses 693.

Φροντὶς -ίδος ; φρὴν. thought 170. reflection 97. mind 1390.

Φρουρέω ; φρουρὸς guard : πρὸ before, ὁράω see. φρουρήσω, πεφρούρηκα, πεφρούρημαι protect 1479.

Φυγὰς -άδος : φεύγω fly. exile 309.

Φυγὴ -ῆς ; φεύγω fly. flight 468. banishment 659.

Φύλαξ -ακος ; φυλάσσω. guardian 1418.

Φυλάσσω, φυλάξω, πεφύλαχα, πεφύλαγμαι guard, watch, preserve, keep 382. mid. guard against.

Φῦλον -ου ; φύω produce. race, nation, multitude.

Φύσις -εως ; φύω. nature 335. 675. bodily stature 740.

Φυτεύω ; φυτὸς ; φύω. φυτεύσω, πεφύτευκα, πεφύτευμαι plant, produce 793. 873.

Φυτουργὸς -οῦ : φυτὸν plant ; φύω, ἔργον work. planter,—author of one's being 1482.

Φύω, φύσω, πέφυκα intr. ἔφυν ; φυμὶ am by nature.—am born 458. 1184. 1359. am 9. 389. 435.

Φωκὶς -ίδος Phocis 733. *between Bœotia and Locris.*

φωνέω ; φωνὴ *voice.* φωνήσω, τεφώνηκα, πεφώνημαι speak 10. 433.

φώνημα -τος ; φωνέω. thing spoken, word 324.

φῶς, φωτὸς ; φάος. light 375. 1183.

χαίρω, χαρῶ, χαρήσω, κίχαρκα, κίχαρμαι *and* -ημαι rejoice 596.
χαίρων with impunity 363, *opposed to* κλαίων.

χάλαζα -ης, hail 1279, *applied metaph. to big drops of clotted blood.*

χαλάω, χαλάσω, κιχάλακα, κιχάλασμαι loosen 1265.

χάρις -ιτος, favour, thanks 1004. acc. χάριν (κατὰ *omit.*) for the sake of (*gen.*) 147. 888. πρὸς χά. 1152. εἰς χάρ. 1353 to ensure favour.

χειμάζω ; χεῖμα *storm.* χειμάσω, agitate with storms, vex, deluge 101, (ἐστὶ *omitted.*)

χειμὼν -ῶνος ; χεῖμα *storm* ; χέω *pour.* winter 1138.

χεὶρ -ιρὸς hand.

χειρόδεικτος -ον : χεὶρ *hand,* δείκνυμι *shew.* pointed out by the hand 901.

χείρωμα -τος ; χειρόω ; χεὶρ *hand.* attempt, attack 560.

χέρνιψ -ιβος : χεὶρ *hand,* νίπτω *wash.* hand-water 240.—(holy-water, with which the people were sprinkled and purified.)

χέρσος -ον dry.—barren 1502.

χηρεύω ; χῆρος *deprived* ; χάω *am empty.* χηρεύσω, κιχήρευκα am deprived, widowed, forlorn, 478.

χθονοστιβὴς -ὲς : χθὼν *earth,* στείβω *walk.* walking on earth.—terrestrial 301.

χθὼν, χθονὸς earth.

χλιδὴ -ῆς, softness.—pride 888.

χνοάζω ; χνόος *down* ; κνάω *scrape.* χνοάσω, ἐχνόακα, am covered with down, or hair, χνο. κά. λευ. 741 covered on his head with white locks.

χορεύω ; χόρος *dance.* χορεύσω, κιχόρευκα, dance, lead the chorus 895. celebrate in dance 1094.

χραίνω ; χράω *dye*. χρανῶ, κόχραγκα, pollute 822.

χράω, χρήσω, κίχηκα, κίχχημαι and *-ομαι* lend for use.—give
an oracle 604. *mid.* make use of 117. χρ. βασ. applying
it as a proof 493. possess 878. χρ. ὀργῇ being enraged 1241.

χρεία *-ας* ; χρὴ. need.—thing 1435. doing, execution 725. ὡς
πρὸς τί χρείας for what purpose 1174. ἐν. χχ. ἐσ. in the situa-
tion in which we stand 1442.

χρέος *-ιος* thing 157.

χρὴ, *subj.* χρῇ, *opt.* χρείη 555. 791. χρῆναι, χρέων *attic pt. indecl.*
1488. *impf.* ἐχρῆν and χρῆν, *fut.* χρήσει it is necessary, it
behoves 342.

χρήζω ; χρεία want. χρήσω, κίχηκα, κίχχημαι want (*gen.*) 597.
933. wish 91. 365. 595. will 1075.

χρῆμα *-τος* ; χράομαι *use.* thing 1129.

χρήσιμος *-ον* ; χράομαι. useful—serviceable—safe 878.

χρησμὸς *-οῦ* ; χράομαι *give an oracle.* oracular response 797.

χρησμῳδὸς *-οῦ* : χρησμὸς, ἀείδω *sing.* singing oracles, oracular.

χρόνος *-ου* time, period 1137.

χρύσιος *-α -ον* ; χρυσὸς *gold.* golden 158.

χρυσήλατος *-ον* : χρυσὸς, (ἐλάω) *drive.* made of wrought gold,
golden 1268.

χρυσομίτρης *-ου* : χρυσὸς, μίτρα *head-dress.* wearing a golden
head-dress 209.

χρυσόστροφος *-ον* : χρυσὸς, στρέφω *twist.* of twisted gold 203.

χώρα *-ας* land 14. 98.

χωρέω, χωρήσω, κιχώρηκα, come, advance 619.

χωρὶς without (*gen.*) 550.

ψαύω ; ψάω scrape, ψαύσω, ἔψαυκα, ἔψαυσμαι, ἐψαύσθην touch
1465.

ψέγω ; ψέω == ψάω rub. blame 338. *compare* "redo" *and*
"frico" *in Latin.*

ψευδὴς *-ίς* : ψεύδομαι *lie.* false 526.

ψεύδω, ψεύσω, ἔψευκα, ἔψευσμαι. deceive 461. *mid.* lie,

ψυχὴ -ῆς soul, conscience 894.

ὦ O, *vocative.*

ὧδε *adv.* ; ὅδε *this.* thus 7. 84. 254, this way, here 298.

ὠθέω and ὤθω, ὠθήσω, ὦσω, ὦκα, ὦσμαι drive 241.

ὠμός -ή -όν unripe.—cruel 828.

ὠνητός -όν ; ὠνέομαι *buy.* purchased 1123.

ὥρα -ας hour, time, 467.

ὡς ; ὅς. as, how. ὣς thus. ὡς τάχιστα 142, ὡς τάχος as quickly as
possible 1154. ὡς ὀργῆς ἔχω so wroth am I 345. *for* πρὸς to
1178.

ὥσπερ : ὡς, περ. as. ὡσπερεὶ as if 264.

ὥστε ; ὡς. so that 65.

ὠτὰν see ἔτης.

ὠφελέω, ὠφελήσω, ὠφέληκα, ὠφέλημαι, ὠφελήθην benefit 141. ren-
der assistance 314.

CPSIA information can be obtained at www.ICGtesting.com
Printed in the USA
LVOW08*1824231213

366585LV00013B/487/P